AULA COMO OBRA
ESCOLA COMO ATELIÊ

o artista professor e a mediação dos processos poéticos do estudante enquanto agente interventor

GIANOU VIANA DE QUEIROZ

AULA COMO OBRA ESCOLA COMO ATELIÊ

o artista professor e a mediação dos processos poéticos do estudante enquanto agente interventor

KOTTER EDITORIAL

Coordenador Editorial
Sálvio Nienkötter

Editor Executivo
Claudecir Rocha

Editor Adjunto
Daniel Osiecki / João Lucas Dusi

Capa
Jussara Salazar

Foto da capa e contracapa
Obra "In Absentia M.D. 1983", de Regina Silveira

Design editorial
Andre Luiz C. Mendes

Produção
Cristiane Luiza Nienkötter

Dados Internacionais de Catalogação na Publicação (CIP)
Angélica Ilacqua – CRB-8/7057

Queiroz, Gianou Viana de
Aula como obra, escola como ateliê : o artista professor e a mediação dos processos poéticos do estudante enquanto agente interventor / Gianou Viana de Queiroz. — Curitiba : Kotter Editorial, 2023.
120 p.

ISBN 978-65-5361-249-5

1. Arte – Estudo e ensino 2. Arte – Didática I. Título

23-5479 CDD 707

KOTTER EDITORIAL

Kotter Editorial **1ª Edição | 2023**
Rua das Cerejeiras, 194
82700- 510 | Curitiba/PR
+55 41 3585-5161 | www.kotter.com.br | contato@kotter.com.br

Em nosso consciente destaca-se o papel desempenhado pela memória. Ao homem torna-se possível interligar o ontem ao amanhã. [...] pode atravessar o presente, pode compreender o instante atual como extensão mais recente de um passado, que ao tocar no futuro novamente recua e já se torna passado.

(Fayga Ostrower)

Aos meus professores e alunos, aos nossos muitos encontros transformadores.
A Caru Duprat, pela orientação e acolhimento.

SUMÁRIO

1. INTRODUÇÃO

Perante os documentos com registros dos processos e resultados após pouco menos de sete anos atuando no ensino de Arte para turmas do Ensino Fundamental II e Ensino Médio na escola SESI de Carapicuíba (SP), e ao constatar que certas sequências didáticas, especialmente aquelas relacionadas à arte contemporânea e ao conceito de campo expandido nas artes visuais, com possibilidade de interferências e experimentações nos diferentes espaços da escola, tiveram resultados exitosos ao propiciar aos estudantes possibilidades de criações estéticas extremamente sensíveis, autônomas e críticas, surgiu o desejo pela investigação dos caminhos percorridos e dos resultados advindos desses meus primeiros anos como docente. A empreitada teve como principal fio condutor a análise das formas de atuação do artista-professor enquanto mediador entre as práticas curriculares do ensino de arte, os modos de produção dos artistas e a construção dos territórios físicos e sociais da escola como suporte e material de experimentação na construção da tecitura dos processos de criação poética do estudante.

Ao analisar atentamente as produções artísticas realizadas ao longo destes anos, com intuito de compreender a relação entre o artista-professor, as práticas curriculares no ensino de arte e o estudante enquanto agente ressignificador do mundo partindo dos territórios escolares, busquei identificar a relação entre o conceito de campo expandido nas linguagens artísticas, o contexto pluralista no qual vários artistas por estarem, ao presenciarem a condição da pós-modernidade repensaram as produções artísticas através de novas técnicas, linguagens e ferramentas e o processo emancipatório do estudante ao perceber o espaço da escola como elemento de construção da intencionalidade e criação de sentido pela materialidade física, social e conceitual da obra.

Este trabalho apresenta descrições e análises das sequências didáticas e dos registros das produções dos estudantes entre os anos de 2016 e 2022. A partir delas, busco explicar os resultados em consonância com as respostas obtidas com a pergunta que norteia esta pesquisa, apoiando-me em procedimentos bibliográficos, estudo de caso e na pesquisa de campo com participação ativa. Optei no estudo de caso, observar as turmas dos 3º anos do Ensino Médio ao longo de 2022, por se tratar do fechamento de um ciclo de quase sete anos com o grupo, processo iniciado durante o 6º ano do Ensino Fundamental II no segundo semestre de 2016.

2. O ARTISTA PROFESSOR

Acho que a literatura, tal como as artes plásticas e a música, é uma das grandes consolações da vida, e um dos modos de elevação do ser humano sobre a precariedade da sua condição.

Carlos Drummond de Andrade

Ao ler texto acima pela primeira vez no ano de 2000, no prefácio de uma antologia de Drummond, e, embora tivesse um entendimento precário sobre música, conquistado com muito esforço ao longo de alguns anos fazendo aula de trompete, a afirmação do poeta, provavelmente por naquele período estar canalizando minhas energias criativas nos meus primeiros esboços através da poesia e do desenho, reverberou no meu modo de pensar. Escolhi ou fui escolhido pela literatura e pelas artes visuais como linguagens de embate diante dessa precariedade da condição humana.

confronto (texto do autor, 2019)

no sertão
por ser tão terra
o ser então luta
na breve travessia
antes que a vida
em vida o enterre
o indivíduo busca
ter por instantes
algo mais que labuta

Cheguei em São Paulo em 1998 quando completava 12 anos, e dois anos depois, ao me aventurar sozinho pelo centro da cidade em um domingo, pegando o Metrô na Praça da República, deparei-me com um enorme ateliê a céu aberto, onde artistas desenhavam, pintavam e vendiam suas obras. Sentindo o cheiro de tintas, os sons dos pincéis e lápis tocando a superfície de telas e papéis, pensei: também quero fazer isso. Comprei minha primeira tela medindo 40 x 40 cm, três pincéis e quatro tubos de tinta acrílica. Voltei pra casa ansioso pela possibilidade de experimentação. Pintei um pôr do sol com nuvens avermelhadas e um sol amarelo no centro da tela.

Dois anos depois, no Ensino Médio em uma escola na cidade de Itapevi, a diretora me convidou para dar aula aos sábados de desenho e pintura para alunos menores como voluntário no projeto Escola da Família. Mesmo sem noções de metodologias de ensino, lá estava eu todos os sábados pensando: também quero fazer isso.

Em 2005, dois anos antes de iniciar a faculdade, conheci dois artistas queridos, Evandro Angerami e Maurício Parra, que me acolheram em seus ateliês, e com muita generosidade, me ofereceram o que possuo de mais precioso sobre pintura.

morte-cor (texto do autor, 2005)

Para as marinhas sobre folha de ouro
de Evandro Angerami

olho o céu azul
azul intenso e rítmico
azul – claro – esverdeado
hora frio, hora quente
ou infinitamente estrelado.
olho o mar azul
como os azuis do céu
de ultramar a ftalo mareado

e suas ondas silenciosas
chocando-se estáticas
em rochedos dourados
e de forma quase imperceptível
vemos a cor que vai morrendo
para que tudo se encha de vida
já o céu não é céu
o mar não é mar
e suas ilhas suspensas
e a areia quente
revelam-se em pura forma
nas formas deixadas
no movimento do pincel.

O meu avô Artur, que fugiu da violência e dos tempos de seca em uma cidadezinha do Pernambuco, trouxe consigo o falar ritmado dos cordéis e contou as primeiras histórias que me lembro. Dizia que lá pras bandas de Serra Talhada, quando menino, conheceu a fama de um certo Lampião, Maria Bonita e seu bando, heróis e bandidos do sertão. Atento ao enredo, sentindo um misto de fascínio e medo povoarem a minha imaginação, e, ainda que enxergasse um ponto de convergência entre mim e aqueles cangaceiros, enquanto eu pastoreava meia dúzia de cabras magras na caatinga seca, brincava com gravetos e modelava argila retirada das beiras de tanques escavados na terra, mas minha idade e as estreitas fronteiras geográficas do lugar me impediram de compreender as complexidades geopolíticas do cangaço.

Como numa tapeçaria, como numa renda, num quadro ou numa fuga, onde o motivo puxa, separa, une, enlaça e cruza fios, traços ou sons, configura um desenho ou tema à cuja volta se distribuem os outros fios, traços ou sons e orienta o trabalho do artesão e do artista, assim também o motivo central de uma filosofia é constelação de palavras e ideias, uma configuração de

> sentido. O motivo é o que vai surgir e, ao mesmo tempo, o que guia esse surgimento. Donde seu segundo sentido: o motivo como origem. Não como uma "causa" passada, mas como inquietação que motiva a obra sustentando seu fazer-se no presente (CHAUÍ, 1999, p. 194).

A memória surgiu como motivo de arte e, dentro dela, o meu percurso poético, principalmente nas artes visuais, tem se apoiado nas lembranças de menino, nas memórias reais e reinventadas do nordeste, memórias de paisagens secas e de casas velhas, feitas de adobe queimado assentados com barro, como bem sintetizou Loly Demercian no texto *A velha casa e o flamboyant*.

Fig. 1 – Gianou Viana, Arquétipos, gravura em metal, água forte e água tinta 32,5 x 62 cm – 2011.

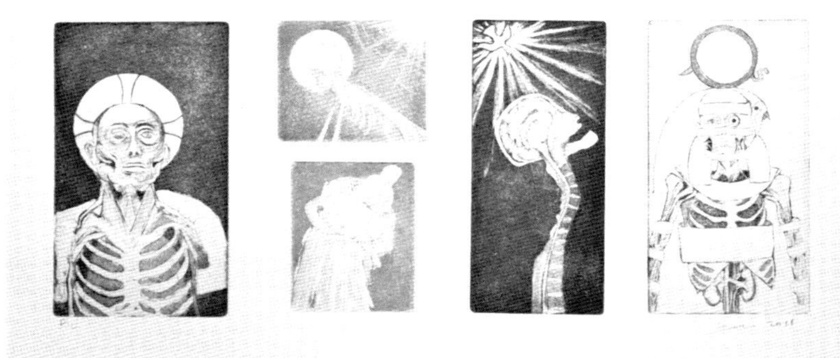

Fonte: Acervo do autor.

Na percepção do tempo não linear, diante de uma foto de infância no sertão baiano, uma paisagem seca, uma casa velha e uma árvore de *flamboyant*, se deu o processo de descoberta na arte. A concepção do passado como sucessão de fatos constantemente se ressignificando, fez-me acreditar que tanto a minha vivência como artista e artista-professor, quanto a minha pintura, gravura

Fig. 2 – Gianou Viana, Instalação 3 Hipóteses para um teorema sobre a memória de uma casa, madeira, fios e lâmpadas, medidas variáveis, 2014.

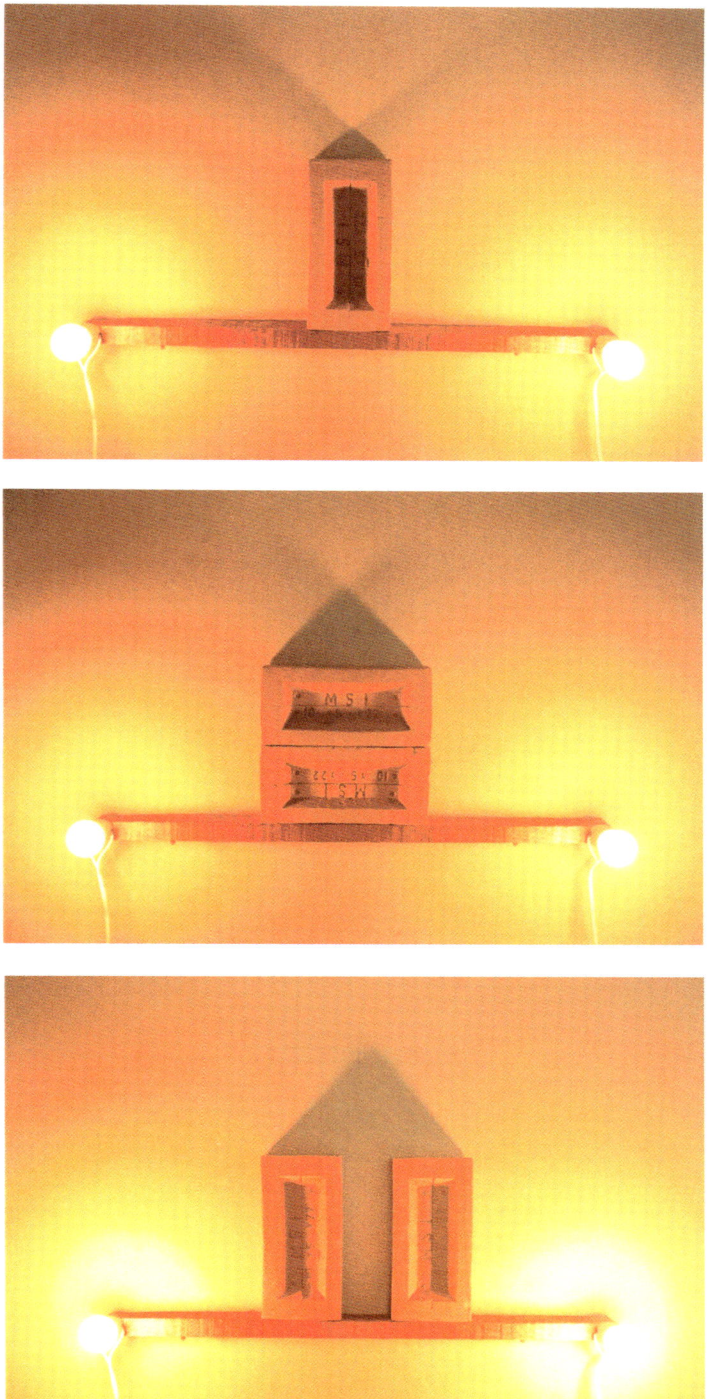

Fonte: Acervo do autor.

ou poesia, têm a memória como ponto de convergência. Serão sempre uma procissão para fazer chover.

Fig. 3 – Gianou Viana, Corações árvores, Instalação com xilogravura impressa com matriz única espelhadas e sobrepostas sobre papel japonês, 100 x 100 x 150 cm, 2011.

Fonte: Acervo do autor.

procissão para fazer chover (texto do autor, 2004)

mais uma tarde
de muito penar
com rezas de grande alarde
diante do santo cruzeiro
sob o sol que faz ofegar
uma calejada pele arde
a fé pode salvar?
antes que o sangue se escalde
o sol põe a se retirar
vem o repouso da noite recompensar
e a chuva – ainda que tarde
diz o sertanejo – ela virá!

Fig. 4 – Gianou Viana, sem título, óleo sobre tela, 110 x 70 cm, 2017.

Fonte: Acervo do autor.

Fig. 5 – Gianou Viana, sem título, óleo sobre placa de compensado, 20 x 15 cm, 2017.

Fonte: Acervo do autor.

Fig. 6 – Gianou Viana, sem título, PE, gravura em metal, maneira negra, 2022.

Fonte: Acervo do autor.

Amor, poesia e cor, (texto do autor, 2007)

o que dá vida à vida?
amor, poesia e cor
ávida pupila sensorial
reflete a luz que se dobra
na rota da atração gravitacional
transforma-se em sinuosa forma
convergindo na côncava retina
cor e forma faz nascer
sendo pura forma
forma a mais pura cor
no sensitivo nervo óptico
a anamorfose do amor
onde a forma concreta
desfaz-se em névoa
em vida, amor, poesia e cor
quando as palavras se calam
olhos e ouvidos se fecham
no silêncio da memória
o imaginário toque encontra-se
com a impalpável forma que ficou

Depois da descoberta da pintura, ao experimentar pela primeira vez técnicas de xilogravura e gravura em metal na faculdade com o Moa Simplício, tal foi o encantamento que, mais tarde, dei sequência às minhas pesquisas na Oficina Oswald de Andrade, sob orientação de outros gravadores como Kika Levy e Francisco Maringelli. Foi também na faculdade que ouvi pela primeira vez, através do professor Leo Rea Lé, que uma aula poderia ser construída como uma obra de arte. Essa frase, junto com as concepções formadas durante as aulas de Filosofia da Arte com Naum Simão, têm permeado a minha prática docente e compõem a ideia central desse trabalho.

> Ir para a escola era uma coisa assustadora. Sentia que todo o universo que vinha da escola era muito mitificado, inatingível, só para eleitos. Nunca entendi muito bem, mas era isso que eu sentia. [...] confesso que senti muito medo. Nem sabia se seria capaz de desencadear um processo pessoal em alguém (ALBANO, 1998, p. 80).

Diante das incertezas do novo, ter a referência de outros artistas, professores e artistas professores é fundamental. Já minha relação com a poesia foi estreitada graças às aulas do professor Gerson Gonçalves no Ensino Médio.

As artes visuais, através da proximidade com a gravura e a pintura, apontaram-me possíveis caminhos e foram determinantes tanto na construção das primeiras sequências didáticas quanto nas que se seguiram.

Fig. 7 – Oficina de xilogravura e monotipia realizada com estudantes do SESI de Carapicuíba em 2017.

Fonte: Acervo do autor.

3. PROCESSOS DE MEDIAÇÃO

> *Assim Tarsila ensinou Tuneu. E assim também, Tuneu ensinou seus alunos: Criando em torno de si um centro de calma, onde o desejo de cada um encontrasse, ao longo de idas e vindas, a sua própria expressão.*
>
> *Ana Angélica Albano*

Ainda nesse exercício de resgate das memórias que apontam o norte da minha prática docente, e que foram determinantes para as minhas primeiras escolhas de propostas de experimentação artística em sala de aula, é importante citar os filmes *Camille Claudel* (1988) e *Modigliani, Paixão pela vida* (2004), assistidos em um determinado semestre ao longo das aulas de escultura com a Marina Inoe. As discussões que o primeiro filme traz sobre a relação desenho e escultura, o pensar nos côncavos e convexos ao modelar a argila, bem como as cenas apresentando a construção da máscara mortuária de Modigliani realizada logo após sua morte, foram o fio condutor para as atividades que permitiram aos estudantes a possibilidade de experimentar criações através da relação do corpo e a materialidade do gesso.

No ano seguinte, com outra turma de 6º ano, desejei revisitar a sequência didática, porém desta vez, considerei interessante convidar os estudantes a pensarem nas possibilidades de integração do objeto escultórico com os espaços da escola. Além de modelar partes do corpo, mãos, pés e rostos, a turma deveria escolher um determinado espaço que dialogasse com a obra, não apenas como espaço expositivo, mas que gerasse um novo significado. Após fi-

Fig. 8 – Esculturas feitas a partir de moldes com atadura gessada sobre o rosto. Estudantes do 6º ano, 2017.

Fonte: Acervo do autor.

nalizarmos as esculturas, passeamos pela escola. No mês anterior, um pé de jabuticaba que ficava em um vaso no pátio coberto tinha sido replantado no jardim, foi inevitável a escolha desse lugar para abrigar a obra e se transformá-lo em material significador (Fig. 9).

Até então, discussões excessivamente teóricas inerentes à arte contemporânea ficaram de fora do plano docente. Considerando a faixa etária dos estudantes e a observação de "que o conhecimento de arte se organiza na inter-relação da história, da leitura da obra de arte e do fazer artístico" (BARBOSA, 2010, p. 88), mediei a contextualização através da apreciação de produções artísticas, a experimentação de materiais e da exploração dos espaços da escola.

Fig. 9 – Instalação realizada com esculturas feitas a partir de moldes com atadura gessada dos pés e mãos. Estudantes do 6º ano, 2018.

Fonte: Acervo do autor.

Em 2017, ao dar continuidade a uma das propostas presentes no material didático, os estudantes do 7º ano foram convidados a criar projetos de instalações discutindo o tema da unidade: Natureza, arte e vida. Propus uma sequência didática considerando os diferentes momentos de pesquisa, formação de diferentes agrupamentos, elaboração do conceito, esboços dos projetos, seleção de materiais e construção da obra.

Durante o processo criativo, uma dupla, ao conceber o projeto, se deparou com a impossibilidade física e técnica de concretizar a obra. Como solução, um deles apresentou as especificações da instalação para o seu pai, que se encarregou de cortar, parafusar, colar e transportar. Dias depois, a obra estava instalada no jardim próximo a portaria. A obra foi capaz de afetar e causar fascinação em toda a comunidade escolar durante todo período em que ficou exposta (Fig. 10).

Fig. 10 – Daniel Santos e Paulo Pontes, sem título, instalação artística, espelho, compensado, pvc e tinta. Estudantes do 7º ano 2017.

Fonte: Acervo do autor.

Questões como as levantadas por Rauschenberg ao denunciar tanto a sua inútil posição de artista como a não atualidade e impossibilidade da arte, pela inquietude da condição de estar numa sociedade para a qual a arte perdera o significado, a frequente busca por referências nas obras do passado, uma melancólica nostalgia diante da extinta profissão de artista, a transgressão da definição tradicional da bidimensionalidade da pintura, combinando planos com objetos reais tais como: cadeiras, pneus de carro, animais empalhados, fotografias recortadas de jornais, reproduções de obras de arte e muitos outros (Fig. 11). E a redefinição do caráter de objeto de arte e do artista enquanto artífice subvertidos por Duchamp e os *ready-made* enquanto manifestação da intenção do artista em criar sentido, alterando o significado e função prática do objeto, surgiu voluntariamente nas discussões subsequentes à instalação apresentada pelos alunos Daniel e Paulo. Não houve dúvida quanto à qualidade do trabalho, no entanto, ao questionar sobre o autor do trabalho, diante da impessoalidade da execução, os colegas de sala se sentiram injustiçados com a possível trapaça, pois divergiam sobre a quem atribuir os créditos do trabalho, os artistas seriam os colegas de sala ou o pai? Os estudantes foram capazes de levantar questões de autoria relevantes e recorrentes na arte contemporânea.

> O que o senso comum entende por arte é a maior dificuldade que se enfrenta para a compreensão da arte contemporânea. Uma obra de arte, para a maioria das pessoas, é uma pintura, um desenho ou uma escultura, autêntica e única, realizada por um artista singular e genial. Essas são as premissas que vem sendo, desde o Renascimento, sedimentadas no imaginário social. Transformar esse tipo de competência artística e substituí-la por outra é sem dúvida um processo longo e difícil (FREIRE, 2006, p. 7).

Fig. 11 – Robert Rauschenberg, monograma, 1955-59.

Fonte: https://www.rauschenbergfoundation.org/art/artwork/monogram. Acesso em: 20 mar. 2022.

A antiarte proposta por Duchamp há mais de um século apontou para os artistas que não desejavam estar inseridos na lógica do consumo, os meios de burlar o sistema por certo tempo. As questões a respeito da situação do objeto artístico e o respectivo papel do artista, a criação sem a suposição da ação manual do artista, ao selecionar um objeto produzido em massa e elevar à categoria de arte por escolha do artista (Fig. 12), surgiu espontaneamente em um grupo de 32 alunos de 12 anos. "A arte conceitual problematiza justamente essa concepção de arte, seus processos de legitimação, e opera não com objetos ou formas, mas com ideias e conceitos." (FREIRE, 2006, p. 8). Deixando

Fig. 12 – Marcel Duchamp, Fonte, 1917, réplica, 1964.

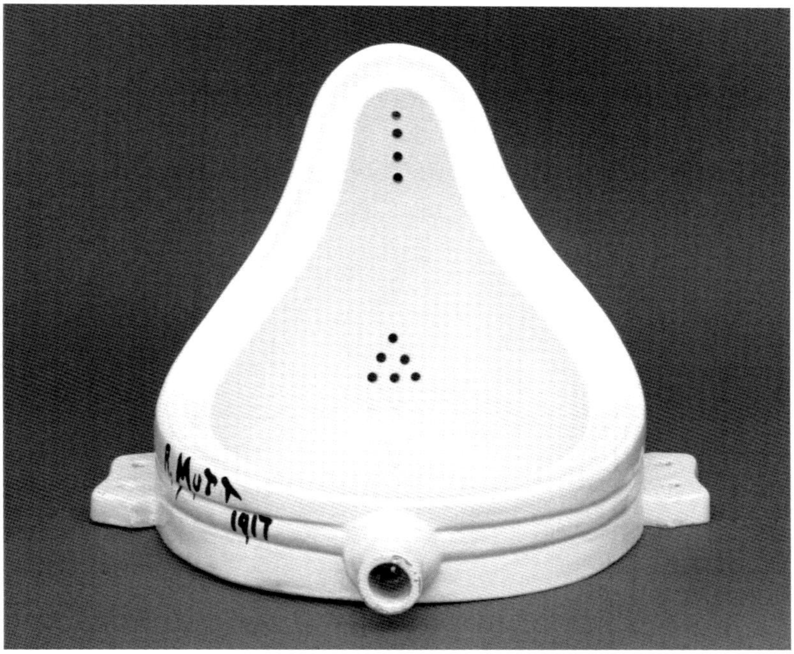

Fonte: https://www.tate.org.uk/visit/tate-modern/display/materials-and-objects/marcel-duchamp. Acesso em: 20 mar. 2022.

claro de imediato pelo menos dois pontos: o primeiro, que a sequência didática, por mais elaborada que seja, terá no máximo o caráter de esboço, que o espetáculo da aula, ao considerar todos como protagonistas atuando em conjunto, cria um organismo vivo capaz de extrapolar o *script*. Segundo, os estudantes não devem ser subestimados, pois mesmo ao tratar das questões mais complexas da arte contemporânea superficialmente, foram capazes de suscitar reflexões mais profundas.

Ao compreender a necessidade de abordar conteúdos referentes às correntes contemporâneas que buscam a transcendência do material, devido à insuficiência dos suportes tradicionais diante de uma nova condição da arte, pela discussão da arte como ideia e a ideia como elemento de construção da obra, é necessário redefinir parâmetros da arte, discutindo a ideia sem a necessidade do objeto físico. O fato do objeto da arte ter se tornado a própria discussão da arte e a necessidade de discutir esse fato durante as aulas tornam evidente que a proposta pedagógica deve criar situações-problemas capazes de abarcar tais questões.

> a ideia ou conceito é o aspecto mais importante. Quando um artista utiliza uma forma conceitual de arte, isto significa que todo o planejamento e as decisões são feitas de antemão, e a execução é uma questão de procedimento rotineiro. A ideia se torna uma máquina que faz arte. (ARCHER, 2001, p. 70).

Como discorre Argan, a partir de 1915 ocorreu nos Estados Unidos o movimento dadaísta, que se revoltou radicalmente contra o mito da arte como expressão de profunda espiritualidade, transformação evidenciada na dessacralização do objeto artístico liderada por Duchamp.

> O ready-made é um passo adiante na direção do abandono do quadro (e da linguagem escultórica também) porque propõe não apenas, como os cubistas, que o quadro se faça com a adoção de elementos já prontos: propõe a substituição do trabalho do artista pela pura e simples apropriação de objetos industriais. Com isso, Duchamp "afirma" que a obra de arte não depende do trabalho do artista, não necessita ser fruto dele, e o artista, por sua vez, já não será um artesão mas um projetista, um inventor, um puro intelectual (GULLAR, 2005. p. 24).

O difícil relacionamento entre arte e sociedade ganha ênfase em função da Primeira Guerra Mundial e se agrava após a bomba atômica ocorrida em Hiroshima na Segunda Guerra Mundial em

1945. "Ali a modernidade – equivalente à civilização industrial – encerrou o seu capítulo no livro da História, ao superar seu poder criador pela sua força destruidora" (SANTOS, 2008, p. 20). Apontando para um futuro próximo a fatídica e inevitável morte da arte, cogitando-se a ideia de que este pode ser um fato já consumado.

> Na origem, há uma revolta moral: numa sociedade que aceita o genocídio, o campo de extermínio, a bomba atômica, não é possível que simultaneamente, produzam-se atos criativos. A guerra é o aspecto culminante da destruição e organizada do fazer-para-destruir de uma sociedade que se autodefine de "consumo" (ARGAN, 1992. p. 508).

A Segunda Guerra Mundial antecede a migração do centro de produção de arte moderna para Nova York. Em torno desse novo centro cultural e mercantil, surgem outros, evidenciando a inexistência de um único núcleo. Assim como seus respectivos pontos periféricos, a arte moderna passa a ostentar uma escala global. Faz-se arte moderna do Japão a América Latina, no entanto os grandes referenciais continuam sendo Nova York e, em plano secundário, Paris.

Essa nova condição possibilita que a arte dos Estados Unidos atinja simultaneamente uma posição autônoma e hegemônica, mesmo mantendo íntimas relações com a esfera europeia, a arte americana apresenta propriedades singulares, além disso, sem qualquer inibição diante das tradições. Segundo Argan, o que na Europa se apresenta como indício de uma conclusão final, uma visão apocalíptica através do registro desesperador de uma sociedade em crise, nos Estados Unidos, é descoberta, inovação e experimentalismo. Diante dessa organização social, são justificados o *action painting* e a arte *pop*, que não encontram qualquer resistência à aceitação pela sociedade americana, já que as produções desses artistas estão em sintonia com os valores sociais presentes nos estadunidenses.

Os debates subsequentes ao amadurecimento e ao sucesso na construção dos novos conceitos sobre a pós-modernidade foram controversos. Essas discussões buscaram questionar o quanto o termo pós-modernismo era ou não capaz de definir os aspectos socioculturais e econômicos contemporâneos. A partir do conceito de que vivemos numa pós-cultura, uma cultura atrelada a todo tipo de superação – "Pós-Holocausto, pós-industrial, pós-humanista, pós-cultural" (CONNOR, 1993, p. 14). – Connor apresenta a dualidade existente em torno do prefixo "pós", assim como nas discussões referentes ao pós-moderno nas disciplinas acadêmicas e áreas culturais.

> De um lado, designar a si mesmo *pós* alguma coisa é admitir certa exaustão, diminuição ou decadência. Quem vive numa pós-cultura chegou atrasado à festa e só viu as garrafas e pontas de cigarros sendo jogadas fora. [...] Outras evocações do pós-modernismo acentuam esse sentido de declínio (CONNOR, 1993, p. 14).

Em oposição a afirmação de que esse atraso sugere que a pós-cultura não pode denominar-se independente, por se apresentar como uma extensão parasitária de uma realização cultural extinta, Connor aponta para outros aspectos positivos diante dessa condição, "o pós-modernismo é visto como um rebento positivo do gigante decaído do modernismo. [...] o *pós* de pós-modernismo não significa a fadiga de quem chega atrasado, mas a liberdade e a autoafirmação dos que despertam do passado". (CONNOR, 1993, p. 14).

Herbert Read afirma que "a pintura moderna termina com um quadro sombrio dos valores perdidos e da autocomplacência" (READ, 2000, p. 286). Muitos dos jovens artistas que emergiram em 1960 tiveram como principal foco a discussão da linguagem e do conteúdo da pintura. Ao mesmo tempo, alguns artistas sentem a necessidade de abandonar o puro ato pictórico, e explorar a diversidade de outros meios de criação.

Diante das significativas mudanças na concepção que a humanidade tinha perante as imagens, há um redimensionamento visual para o artista e seu espectador, possibilitando que esses artistas repensem a arte a partir dessas novas ferramentas. Essas alterações perceptivas se evidenciam através da fascinação pela tecnologia presente desde a arte cinética até o uso do vídeo.

Neste cenário, mesmo com o anúncio da sua morte, a pintura prosseguia. Com o diferencial que assim como na escultura, se encontrava menos dominante dentro das linguagens artísticas. Onde se tornaram evidentes três principais tendências remanescentes:

- Primeiro, a preocupação com o verdadeiro material da arte em si: a pintura pela pintura. Caracterizando uma significativa parte da produção norte-americana dos últimos anos. Após pollock, alguns pintores apresentaram interesse pelos estudos de escalas e valores cromáticos.
- Segundo, uma corrente que procurava a manipulação do figurativismo, dando a partir dessa expressão o preenchimento do vazio que separava a vida da arte, sendo recorrente a apropriação e incorporação de material de origem gráfica e fotográfica na pintura.
- Terceiro, é a corrente que busca a transcendência do material, transformando o objeto da arte na própria discus-

são da arte. Na busca pela ampliação do campo da arte, os suportes tradicionais se tornam insuficientes. Não basta apenas representar a realidade com as linguagens já conhecidas, é necessário discutir a realidade através da arte. Segundo Harry Flint,

> A arte do conceito é antes de tudo uma arte na qual o material é o conceito, assim como, por exemplo, o material da música é o som. Como os conceitos têm íntima ligação com a linguagem, a arte do conceito é uma espécie de arte da qual o material é a linguagem (DEMPSEY, 2003, p. 240).

Enquanto Duchamp explorava a possibilidade de que tudo poderia se transformar em arte, se apropriando de objetos prontos para manifestar a ideia de arte dando ao objeto novo significado, a *body art* propõe usar o próprio corpo como meio ou suporte de expressão artística. Nas manifestações performáticas da *body art* o espectador pode muitas vezes ser um componente ativo da obra: "O corpo proporciona meios para explorar várias questões, incluindo identidade, gênero, sexualidade, doença, morte e violência" (DEMPSEY, 2003, p. 246).

Na arte ambiental (*earth art*), busca-se uma ampliação ainda maior dos limites do campo da arte ao discutir o material e o espaço físico. A natureza não surge apenas como um lugar para abrigar a obra, ao contrário, se transforma na própria obra. Com intervenções no meio ambiente ou através da manipulação dos elementos naturais, são concebidas obras em escalas monumentais, na maioria das vezes, esses trabalhos trazem referências minimalistas. Fica evidente o questionamento da relação da obra de arte com galerias e museus, assim como o papel do artista como explorador de possibilidades.

Michael Archer discute o panorama geral da condição pós-moderna, ao problematizar e contextualizar a desconstrução e o ecletismo presentes nas artes visuais desse período através da ideia de campo expandido. Ele discute o modo como a arte foi autenticada por utilizar determinados materiais que a caracterizava como obra de arte, e como esses valores são invertidos na arte contemporânea. A obra deixa de estar apenas na discussão da ideia, assim como não se limita no ato de expressão através do corpo, e passa a ter o próprio espaço como material.

Nas próximas sequências didáticas, os estudos sobre arte contemporânea abordaram a ideia de campo expandido de modo mais abrangente, e os conceitos estudados serviram de referência para o desenvolvimento de memoriais descritivos com propostas de instalações artísticas. "O projeto é índice de uma obra ausente e ocupa um lugar híbrido, intermediário entre a obra de arte e a sua documentação ou entre a ideia e a sua realização" (FREIRE, 2006, p. 38).

Fig. 13 – Regina Silveira, Abyssal – Desenhos preparatórios/ Preparatory drawings. 2010.

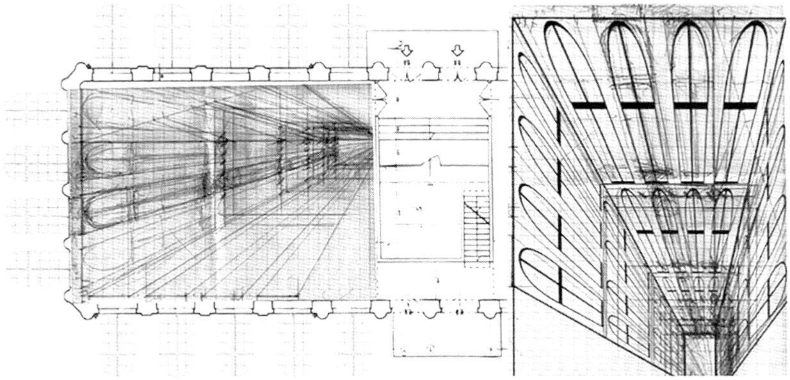

Fonte: https://reginasilveira.com/INDICE-DE-OBRAS/ABYSSAL. Acesso em: 25 mai. 2023.

Fig. 14 – Regina Silveira, Abyssal. Vinil adesivo, paredes pintadas e filtros de luz, 10,41 x 13,57 m. Atlas Sztuki, Lodz, Polônia. 2010 Robert Rauschenberg, monograma, 1955-59.

Fonte: https://reginasilveira.com/INDICE-DE-OBRAS/ABYSSAL. Acesso em: 25 mai. 2023.

Seguimos com a formação de agrupamentos e escolhas dos espaços externos ou internos da escola, elaborando uma descrição detalhada dos projetos, apresentando os conceitos e intencionalidades a serem discutidos nas obras, as justificativas quanto à relevância da escolha e uso do determinado espaço e o impacto que a obra pretende despertar no espectador. Também são apresentados os materiais que pretende utilizar, como serão utilizados e como irá contribuir para a construção de sentido da obra, esboços com planta baixa e/ou em perspectiva apresentando de forma detalhada como será a instalação.

Ao compreender como esses valores são invertidos na arte contemporânea, as propostas de intervenção dos estudantes foram

Fig. 15 – Instalação Pac-Man com bexigas amarelas na fachada de elementos vazados. Estudantes do 9º ano, 2017.

Fonte: Acervo do autor.

Fig. 16 – Geovanna Pascuti, Julia Calazans, Nicolie Bosniac e Rayssa Germano, Instalação Varal, plástico adesivo colorido, barbante e prendedores de roupa. Estudantes do 9º ano, 2017.

Fonte: Acervo do autor.

capazes não só de abordar a obra como ideia e a integração do próprio espaço enquanto material, conseguiram compreender a produção como um processo histórico de ruptura com determinados sistemas de validação do objeto artístico.

4. O ALUNO COMO AGENTE INTERVENTOR

> *O que se busca é compreender como esse tempo e espaço, em que o artista está imerso, passam a pertencer a obra, em como a realidade externa penetra o mundo que a obra apresenta.*
>
> *Cecilia Moreira Salles*

Antes de *Fonte*, 1917 ou *Roda de bicicleta*, 1913 de Duchamp, Picasso e Braque com o *papier collé* já haviam provocado uma revolução ante às definições da pintura até então fundamentadas nos valores da tradição. Ao introduzir elementos da vida real como recortes de jornais e papel de parede no plano bidimensional, eles rompem com o conceito da arte representativa. Em *Natureza-morta com cadeira de palha*, 1912 (Fig. 17), Picasso insere na pintura um oleado que imita uma cadeira, e ao se apropriar e incorporar elementos do cotidiano na pintura, fragiliza o limiar que separa arte e vida.

Com a intenção de discutir não só a questão da inserção de elementos da realidade na pintura, mas também exercitar o olhar crítico diante de um determinado contexto social, os estudantes do 2º ano EM foram convidados para uma análise de como a questão da morte é tratada pelos artistas Picasso em *Guernica,* 1937 (Fig. 18) e Francis Bacon através da obra *Tríptico, Três estudos para figuras ao pé de uma crucificação*, 1944 (Fig. 19). Em seguida, iniciaram as propostas de reinterpretar *Guernica* a partir da observação crítica das várias manifestações de violência na atualidade, apoiando-se em matérias de jornais e revistas.

Fig. 17 – Pablo Picasso, Natureza morta com cadeira de palha, 1912. Colagem de óleo, oleado, papel e corda sobre tela, 27 × 35 cm.

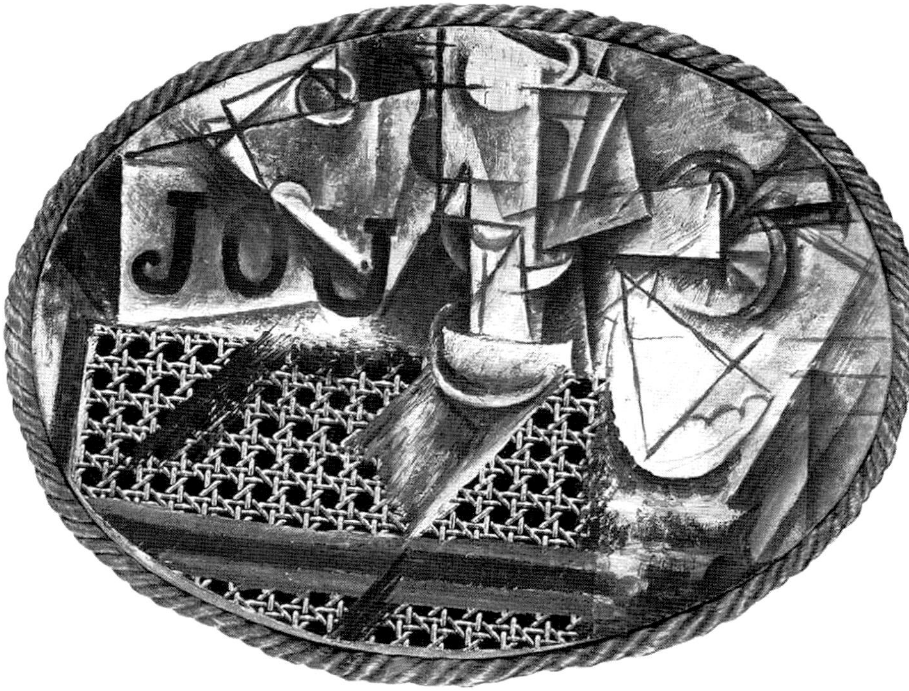

Fonte: https://www.pablopicasso.org/still-life-with-chair-caning.jsp. Acesso em: 28 mar. 2022.

Fig. 18 – Pablo Picasso, Guernica, 3,49 m x 7,77 m, 1937. Museu Reina Sofia, Espanha.

Fonte: www.museoreinasofia.es/en/collection/artwork/guernica. Acesso em: 28 mar. 2022.

Fig. 19 – Francis Bacon, Três Estudos para Figuras na Base de uma Crucifixão, Óleo sobre tela, tríptico, 198,1 x 144,8 cm cada, 1944. Galeria Tate.

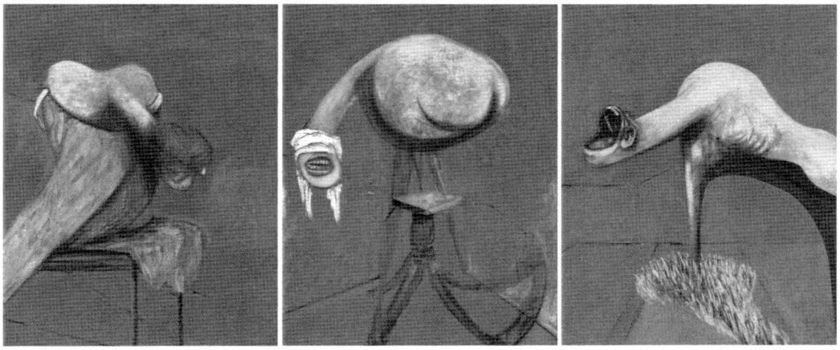

Fonte: https://media.tate.org.uk/art/images/work/N/N06/N06171_10.jpg. Acesso em: 28 mar. 2022.

Os estudantes foram levados a observarem que Picasso trabalha a destruição da forma como meio de alcançar maior impacto e realismo. As figuras perdem a aparência humana, a inexistência da cor e do volume como recurso para intensificar a sensação de ausência de vida, retratando a morte como um acontecimento antinatural diante do horror da guerra. Enquanto Francis Bacon, um artista do pós-guerra, trabalha a ideia da degradação humana, e sua condição demoníaca através da deformação. Para ele, a humanidade se encontra em uma condição sombria, sem alma, sem esperança, apenas uma existência inumana e dolorosa. Ao pintar carcaças e corpos retorcidos, Bacon expressa a queda da humanidade, por isso a forma é trabalhada a partir da desfiguração. O sublime está no subumano e é explorado através do horror e da desmaterialização. Na pintura, a sublimação e decomposição da forma se apresentam como meio de desvendar o submundo da alma humana. Desta forma, enquanto Picasso, diante das atrocidades e horrores da guerra trabalha a questão da morte afirmando que esta se apresenta distante de um acontecimento natural, e, através da deformação caracteriza o distanciamento da sociedade

Fig. 20 – Geovana Viana, Karina Soares e Lívia Silva, processos de criação e Releitura de Guernica, tinta a óleo, acrílica e colagem de jornal sobre lona. Estudantes do 2º ano EM 2018.

Fonte: Acervo do autor.

de sua condição humana, Bacon utiliza o horror e a decomposição da forma aliada ao conceito do subumano e do demoníaco para se aproximar da verdadeira condição humana.

O Artista conceitual alemão Hans Haacke, por meio de elementos que não apresentavam qualquer semelhança ou possibilidade de junção, desenvolvia nos seus trabalhos firmes intenções políticas. A obra *agora a liberdade vai ser patrocinada – com trocados,* de 1990, foi construída a partir de uma torre de observação que permaneceu de pé após a queda do Muro de Berlim. Sobre essa torre o artista colocou o logotipo da fábrica Mercedes Benz. Dempsey nos aponta a interpretação desse trabalho como a marca simbólica do capitalismo do que foi a Alemanha Ocidental e o fato de as grandes empresas alemãs terem se deslocado para a antiga Alemanha Oriental.

"É veemente o contínuo debate sobre a natureza ou até mesmo a existência do pós-modernismo. De certo modo, o pós-modernismo é, ao mesmo tempo, uma rejeição ao modernismo e um prolongamento dele" (DEMPSEY, 2003, p. 269). Dempsey desenvolve em seu texto uma reflexão em que o modernismo se apresenta com uma visão utópica moralista e estética unificadora, enquanto o pós-modernismo celebra o pluralismo do final do século XX. Surge como aspecto desse pluralismo as referências feitas às especificidades dos meios de comunicação de massa e à facilidade com que as imagens se propagam universalmente. São recorrentes produções que utilizam motivos ou imagens do passado, como citações ou apropriações. Esses motivos do passado são recriados em novos contextos ou destituídos de suas definições tradicionais por meio da desconstrução.

> Assim, o projeto de cada artista insere-se na frisa do tempo da arte, da ciência e da sociedade. Ao discutir o projeto poético

vimos como esse ambiente afeta o artista e, aqui, estamos observando o artista inserindo-se e afetando esse contexto. É o diálogo de uma obra com a tradição, com o presente e com o futuro. A cadeia artística trata da relação entre gerações e nações: uma obra comunicando-se com seus antepassados e futuros descendentes (SALLES, p. 49).

Fig. 21 – Beatriz Santos, Isabela Nascimento, Mariana Barreto e Nathália Silva, instalação Diversidade, ponto cruz com TNT amarrado na fachada de elementos vazados. Estudantes do 9º ano, 2018.

Fonte: Acervo do autor.

Muitos artistas são levados a pensar na reconstrução da arte, por não acreditarem na possibilidade da arte moderna representar a sociedade neste momento de grandes transformações visuais. O surgimento da televisão e do computador alterou as concepções de imagem e as dimensões de compreensão da realidade. O fato de estarem numa sociedade que viveu a Segunda Guerra Mundial, estimulam os artistas contemporâneos a repensarem a arte a partir dessas novas ferramentas de comunicação e a questionarem o papel da arte perante a classe social dominante, o homem branco e de classe média, ao enfocar temas ligados a morte, identidades marginalizadas, como identidades étnicas, sexuais, feministas além de questões ambientais.

O artista americano Jean-Michel Basquiat (1960-1988) nascido de pais haitianos e porto-riquenhos é um forte exemplo de manifestação de identidade étnica marginalizada, iniciando sua carreira como grafiteiro no fim dos anos 70, usava o rótulo SAMO (*Same Old Shit*, a mesma merda de sempre). Os seus trabalhos possuíam um caráter confrontador e protestavam furiosamente contra o preconceito racial. Em seus grafites, retratos rabiscados de rostos que se pareciam com máscaras africanas, assim como mensagens riscadas, eram combinados com a paisagem das ruas de Nova York. Dempsey escreve a seguinte frase de Basquiat: "os negros jamais são retratados realisticamente, nem sequer retratados, na arte moderna" (DEMPSEY, 2003, p. 273).

Além das pesquisas sobre a obra de Basquiat, em 2018, os estudantes do 8° ano analisaram algumas matérias jornalísticas apresentando o fato de o prefeito de São Paulo, João Doria, pedir a retirada de todos os grafites na área conhecida como Arcos do Jânio e também limitar as obras expostas na Avenida 23 de Maio. Em contrapartida, a frase: "Se preferirem continuar pichando a cidade, terão o rigor da lei. É tolerância zero", dita pelo prefeito ao declarar guerra aos pichadores.

Para contextualizar melhor, assistimos ao documentário *Pixo,* 2009, e após o vídeo, os estudantes, além de apresentarem suas descobertas e reflexões sobre se pichação é arte ou vandalismo, ambas ou nenhuma das duas coisas, desenvolveram intervenções nos espaços da escola (Fig. 22). Em 2020, com uma nova turma, além das discussões citadas, analisamos também o mural *Deus é mãe* de quase 2.000 m² do artista Robinho Santana, realizado em um prédio de Belo Horizonte, e o fato dos organizadores do festival CURA – Circuito

Fig. 22 – Intervenção com inscrições explorando a estética de pichação nas janelas da biblioteca, giz líquido sobre vidro. Estudantes do 8º ano, 2018-2022.

Fonte: Acervo do autor.

Urbano de Arte terem sido incluídos criminalmente em inquérito da Polícia Civil ao considerarem a presença de letras com a estética de pichações presentes na obra do artista paulista um ato criminoso.

Em 2019, um grupo de estudantes do 9º Ano desenvolveu uma série de pesquisas para as propostas do Eixo Integrador Interáreas. Atenta aos impactos ambientais do consumo, a aluna Larissa Bilak buscou condensar os resultados das pesquisas realizadas pela equipe em um desenho apresentando o planeta Terra escoando em uma ampulheta prestes a se estilhaçar, enquanto dilui, o mundo se transforma em dinheiro (Fig. 23). Este desenho e os demais dados coletados conduziram o grupo na realização do jogo de tabuleiro *World Evolution* (fig. 24), que convida o jogador para um conjunto de escolhas, sendo que o saldo resultante dessas decisões irá definir o destino do planeta e da humanidade (Vide ANEXO I).

A importante trajetória do artista León Ferrari, radicado no Brasil em decorrência da Ditadura Militar na Argentina, e a crítica ferrenha que o mesmo faz às instituições políticas e religiosas, apoiou algumas sequências didáticas, ao considerar a necessidade de abordar os problemas da sociedade contemporânea, as transformações nas relações sociais pós-modernas e a necessidade de propostas de mediação que possibilitem o desenvolvimento do estudante enquanto agente crítico e que atue politicamente nos territórios escolares.

Em outra proposta, um grupo de alunos do 3º ano EM interessados em certos aspectos da globalização e das estratégias econômicas de países imperialistas, apresentou um posicionamento crítico diante dos impactos ambientais e da instabilidade política causados pelo capitalismo, por meio da exploração do petróleo, com a obra *Ajuda humanitária* (Fig. 25).

Ao abordar o desenvolvimento institucional da arte brasileira durante o período da ditadura, discutimos o cerceamento da liberdade intensificado pelo AI-5, os artistas censurados e como a repressão influenciou suas obras. Observamos como o artista Cildo Meireles, através da apropriação de ícones populares, apresenta fortes críticas ao regime militar na série *Inserções em circuitos ideológicos: Projeto Coca-Cola,* 1970 (Fig. 26) e *Projeto cédulas,* 1970-1976 (fig. 27).

O discurso presente na obra *Seja marginal seja herói*, 1968, bandeira-poema de Hélio Oiticica, continua atual diante da apologia à violência dos ditos cidadãos de bem, com os slogans "Adote

Fig. 23 – Larissa Bilak, Ampulheta, lápis de cor e caneta permanente sobre papel, 42 x 29,7 cm, 2019.

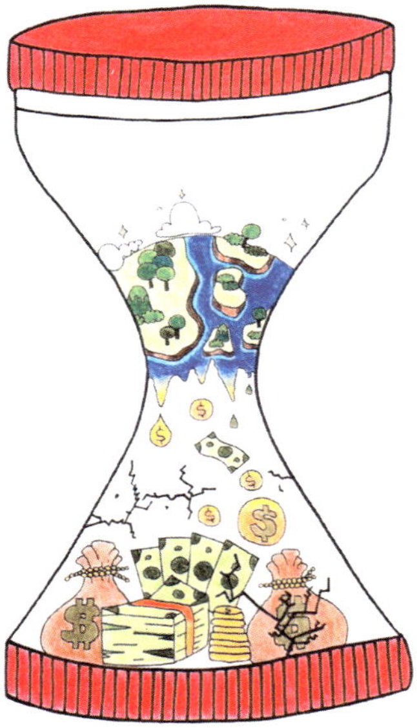

Fonte: Acervo do autor.

Fig. 24 – Gabriel Lacerda, Larissa Bilak, Lucas Castro, Luiz Brandão, Pedro Eduardo, Oldack Santos, Jogo World Evolution, impressão sobre lona vinílica, 40 x 250 cm, 2019 (foto 2022).

Fonte: Acervo do autor.

Fig. 25 – Alana Rocha, Gusthavo Paula, Rafaella Pinho, Thais Fitipaldi, instalação Ajuda humanitária. Tubo de papelão, papel, tinta, palito de madeira e plástico adesivo. Estudantes do 3º ano EM, 2019.

Fonte: Acervo do autor.

Fig. 26 – Cildo Meireles, Inserções em Circuitos Ideológicos: 1. Projeto Coca-Cola, 24,5 x Ø 6,1 cm, inscrições em garrafas de vidro, 1970. Acervo Banco Itaú.

Fonte: http://enciclopedia.itaucultural.org.br/obra6310/insercoes-em-circuitos-ideologicos-1-projeto-coca-cola. Acesso em: 04 de abril de 2023. Reprodução fotográfica Humberto Pimentel/Itaú Cultural.

Fig. 27 – Cildo Meireles, Inserções em Circuitos Ideológicos – 3. Projeto Cédula, 6,5 x 15 cm, carimbo de borracha sobre cédula, 1970-1976.

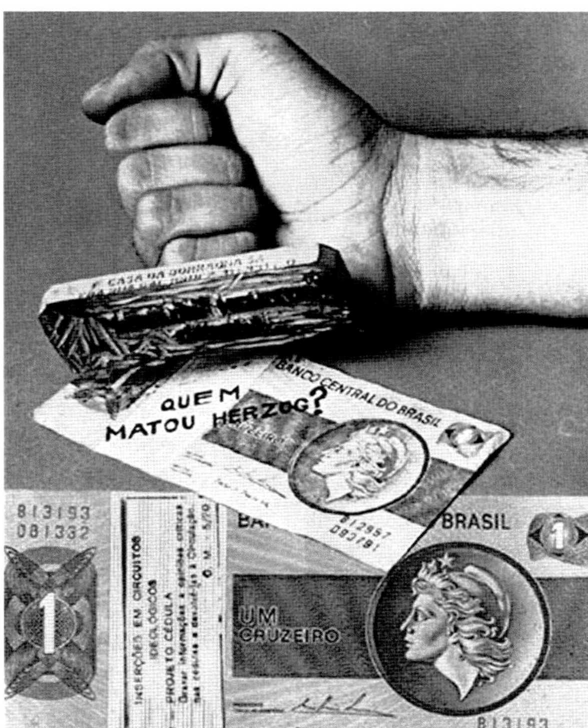

Fonte: http://enciclopedia.itaucultural.org.br/obra6311/insercao-em-circuitos-ideologicos-3-projeto-cedula. Acesso em: 04 de abril de 2023. Fotografia p&b.

um bandido", "Bandido bom é bandido morto" e "CPF cancelado", amplamente difundidos por veículos midiáticos e figuras públicas no Brasil há décadas, intensificado pela instabilidade democrática que se desenrolou nos últimos anos. O fechamento da mostra *Queermuseu – Cartografias da diferença na arte brasileira*, sob acusações de apologia à pedofilia, zoofilia e vilipêndio religioso, apresentada no Santander Cultural, na cidade de Porto Alegre, em 2017, e o veto à mesma exposição pelo Museu de Arte do Rio, por decisão do prefeito Marcelo Crivella, em um vídeo ele afirmou: "Saiu no jornal que vai ser no MAR. Só se for no fundo do mar". A peça *O evangelho segundo Jesus Cristo*, com a atriz transexual Renata Carvalho, foi suspensa por decisão judicial em Jundiaí em 2017 e censurada no Festival de Inverno de Garanhuns em 2018, além de sofrer diversas tentativas de proibição em outras cidades brasileiras, chegando a ser encenada sob proteção policial. Os discursos extremistas que ganham força no atual cenário político, o desejo saudosista pelo retorno de um regime militar faz eco aos resquícios dessa repressão perpetuados na atuação do Estado contra grupos marginalizados.

contrassenso ou governo genocida
(texto do autor, 2021)

<table>
<tr><td align="right">suspenso</td><td>sem censo</td></tr>
<tr><td align="right">à deriva</td><td>sem senso</td></tr>
<tr><td align="right">penso</td><td>o denso consenso</td></tr>
<tr><td></td><td>o quão tenso propenso</td></tr>
<tr><td align="right">e ascenso é</td><td>o caos extenso</td></tr>
<tr><td align="right">sem dados é dado</td><td>o esquecimento demográfico</td></tr>
<tr><td align="right">de cem maneiras dura</td><td>o descenso a duras penas</td></tr>
<tr><td align="right">o dissenso transforma histórias</td><td></td></tr>
<tr><td align="right">de trajeto flutuante a inextenso</td><td></td></tr>
<tr><td align="right">indefensos</td><td>aqueles que submersos têm fome</td></tr>
<tr><td></td><td>de ar de dias de nome</td></tr>
</table>

As questões ideológicas da arte contemporânea brasileira, a aproximação com o obscurantismo e a ascensão do extremismo presenciados antes e durante as eleições de 2018, são trabalhadas com complexidade e sutilezas cortantes através da instalação *O imprendível é invisível aos olhos*, 2019 (Fig. 28 e 29), realizada por um grupo de alunas do 9º ano. Sobre a obra, elas escrevem:

> *A gaiola que prende o passarinho e o impede de ser livre, seja uma prisão física ou ideológica, nas mais diversas formas de opressão contra a liberdade do ser. O objetivo desta obra é mostrar que existem coisas impossíveis de serem presas e que a nossa liberdade de cantar, assim como os pássaros, através dos nossos pensamentos que jamais poderá ser aprisionada. 'O imprendível é invisível aos olhos' propõe refletir sobre as barreiras que enfrentamos ao tentarmos ser livres e sobre os conceitos que criamos do que é liberdade.*

Obra composta por quatro gaiolas penduradas na marquise entre os dois prédios da escola. Em uma das gaiolas, um dispositivo portátil reproduz em *looping* uma faixa sonora de cerca de 20 minutos, combinando cantos de pássaros e composições musicais que remetem à luta por liberdade.

> A necessidade de transcender a banalidade fez nascer a arte, modo de transformação metafórica da realidade do mundo. E que, se por ser metafórica é menos que a transformação real, é também "mais": porque a realiza de imediato e porque o faz numa direção em que a ação real jamais o consegue (GULLAR, 2005, p. 26).

No mesmo ano, certos aspectos de *O imprendível é invisível aos olhos* foram retomados, e muitas outras questões suscitadas através da peça *Verdades sobre a mesa* (Fig. 30), produto final de um processo que se deu ao longo do ano no Eixo Integrador Interáreas, abordando o tema: Da geração Baby Boomer a geração

Fig. 28 – Isabelle Menegon, desenho realizado para compor o memorial descritivo para a instalação O imprendível é invisível aos olhos. Grafite sobre papel. Estudante do 9° ano A, 2019.

Fonte: Acervo do autor.

Fig. 29 – Amanda Laia, Ellen Fontes, Maria Luiza, Suellen Cristina e Isabelle Menegon, instalação O imprendível é invisível aos olhos. Gaiolas e caixa de som portátil. Estudantes do 9° ano A, 2019.

Vídeo: https://youtu.be/9NkvQIhMOdw

Fonte: Acervo do autor.

Alpha. Entre os diversos assuntos pesquisados pelo grupo, o papel das mulheres na sociedade em diferentes contextos geracionais foi a situação-problema escolhida para a realização de pesquisas mais elaboradas. O grupo, ao buscar compreender as características sociais e comportamentais das gerações e as causas/consequências dessas características no dia a dia, concluiu:

> *Ao analisar as particularidades das gerações, percebemos mudanças substanciais, para expor a compreensão dessas diferenças, optamos pela produção de uma peça teatral. A peça destacou essas diferenças como recurso para evidenciar certos aspectos sociais relacionados às relações geracionais. O motivo de escolhermos as mulheres e sua atuação na sociedade foi porque as investigações apontaram que as percepções sobre o tema foram um dos que mais sofreram alterações ao longo do tempo* (Vide ANEXO II).

Parte deste trabalho é resultado de um curso de especialização iniciado em 2020, ano em que nossas rotinas foram alteradas pelo isolamento social imposto pela pandemia do Coronavírus. Apenas após um único sábado de encontros nos espaços da ECA-USP e de um semestre de pausa, nos aventuramos no ensino remoto, no meu caso e o de outros colegas de turma, realidade vivenciada como aluno e professor. Ao longo das aulas nos meses seguintes, surgiram diversas reflexões sobre a cultura da convergência, revolução digital, pós-modernidade, hipermodernidade e tantos outros temas, porém, os questionamentos mais frequentes, talvez pela urgência, foram como essas teorias se relacionam com os processos educativos durante a pandemia e quais os possíveis caminhos pós-pandemia.

A apropriação das novas mídias através da utilização de variadas plataformas para estudo autônomo, trabalho colaborativo e projetos pedagógicos que promovam processos de ensino-aprendizagem

Fig. 30 – Amanda Laia, Ellen Fontes, Heloisa Mariano, Isabelle Menegon, Maria Luiza e Suellen Cristina. Peça Verdades sobre a mesa, mostra do Eixo Interáreas. Estudantes do 9° ano A, 2019.

Vídeo: https://youtu.be/XtH7yFKDO78

Fonte: Acervo do autor.

Fig. 31 – Nícolas Silva, Instalação Aula online, (releitura da obra Balanço da artista Nazareth Pacheco). Notebook, pregos e parafusos, trabalho realizado durante o isolamento social, aluno do 7º ano, 2021.

Fonte: Acervo do estudante Nícolas Silva.

mais integrados, com o objetivo de formar estudantes autônomos, projetos transdisciplinares que discutiam a cultura dos videogames e que surpreendentemente possibilitaram meninas e meninos de doze e treze anos debaterem a sexualização de *skins* femininas em jogos de RPG, já eram uma realidade no meu dia a dia como educador.

isolamento (texto do autor, 2021)

boa romaria faz
quem em sua casa
fica em paz
diz o antigo ditado
que não leva em conta
o grande tormento
de se ver refletido
no espelho do tempo
em dias prolongados.

A ideia de que a hipermodernidade multiplicou as temporalidades foi a que alcançou maior materialidade com a suspensão das aulas e, posteriormente, a retomada no formato não presencial. Esse presente multiplicado foi uma constante nesse processo de transferência de escola presencial para escola virtual. A administração do calendário escolar, a possibilidade de ter aulas ao vivo, assistir aulas gravadas, datas de envios e recebimento de atividades, prazos de fechamentos de notas, todas essas etapas tão corriqueiras foram diluídas nesse processo.

Como a Cheskin Research explicou num relatório de 2002,

> a velha ideia da convergência era a de que todos os aparelhos iriam convergir num único aparelho central que faria tudo para você (à *la* controle remoto universal). O que estamos vendo hoje é o hardware divergindo, enquanto o conteúdo converge. [...]

> Suas necessidades e expectativas quanto ao e-mail são diferentes se você está em casa, no trabalho, na escola, no trânsito, no aeroporto etc. e esses diferentes aparelhos são projetados para acomodar suas necessidades de acesso a conteúdos dependendo de onde você está – seu contexto localizado (JENKINS, 2002, p. 43).

As questões sobre as múltiplas temporalidades e a adaptação da escola presencial para a escola virtual fizeram surgir um novo problema: a proposta de ensino remoto e, posteriormente, híbrido, onde a escola se tornou tanto esse centro de gravidade ocupando um espaço temporal por meio de um prédio e coisas, quanto virtual, tendo como centro de convergência os processos de coordenação de ideias.

Mesmo diante da condição do ensino remoto, me senti desafiado por uma proposta presente no material didático: a realização de uma peça de teatro adaptando o texto original de Arena Conta Zumbi, com estreia em maio de 1965 no Teatro de Arena de São Paulo, escrita por Gianfrancesco Guarnieri e Augusto Boal e música de Edu Lobo. Considerei compartilhar o desafio com os estudantes, apresentando duas possibilidades para as turmas dos 1º ano do Ensino Médio, realizar a peça de teatro online, utilizando os recursos de multitelas do Microsoft Teams, ou realizar uma adaptação para o formato de podcast. A segunda opção foi a escolhida.

Além dos textos de apoio no material didático, desenvolvi uma possibilidade de leitura ligando o passado que a peça apresenta, o momento social e político do Brasil quando a obra foi realizada e as reverberações desse passado na atualidade. Após a leitura do texto original da Peça *Arena conta Zumbi*, para melhor compreensão do contexto do momento em que a peça teve sua estreia, ouvimos *Cálice,* 1973, de Chico Buarque e Gilberto Gil, uma música de protesto e resistência ao regime militar. Também ouvimos a versão *Cálice,* 2011 do artista Criolo e *80 tiros - Versão Cálice,* 2019, da cantora e compositora Ella Fernandes. Essas versões não são apenas releituras da música de Chico Buarque e Gilberto Gil, através do uso de elementos da periferia de São Paulo ou Rio de Janeiro, mas também podem ser vistas como novas vozes cantando *Arena conta Zumbi*, nos apontando como toda a resistência evocada pela memória icônica presente no nome Zumbi são tão urgentes hoje quanto no passado.

Cálice, 1973, de Chico Buarque e Gilberto Gil

Pai, afasta de mim esse cálice
Pai, afasta de mim esse cálice
Pai, afasta de mim esse cálice
De vinho tinto de sangue

Como beber dessa bebida amarga
Tragar a dor, engolir a labuta
Mesmo calada a boca, resta o peito
Silêncio na cidade não se escuta
De que me vale ser filho da santa
Melhor seria ser filho da outra
Outra realidade menos morta
Tanta mentira, tanta força bruta

Como é difícil acordar calado
Se na calada da noite eu me dano
Quero lançar um grito desumano
Que é uma maneira de ser escutado
Esse silêncio todo me atordoa
Atordoado eu permaneço atento [...]

Cálice, 2011, do artista Criolo

Como ir pro trabalho sem levar um tiro
Voltar pra casa sem levar um tiro
Se as três da matina tem alguém que frita
E é capaz de tudo pra manter sua brisa
Os saraus tiveram que invadir os botecos
Pois biblioteca não era lugar de poesia
Biblioteca tinha que ter silêncio,
E uma gente que se acha assim muito sabida

Há preconceito com o nordestino
Há preconceito com o homem negro
Há preconceito com o analfabeto
Mas não há preconceito se um dos três for rico, pai

A ditadura segue meu amigo Milton
A repressão segue meu amigo Chico
Me chamam Criolo e o meu berço é o rap
Mas não existe fronteira pra minha poesia, pai.
Afasta de mim a biqueira, pai
Afasta de mim as biate, pai
Afasta de mim a coqueine, pai
Pois na quebrada escorre sangue, pai...

80 tiros, 2019, versão Cálice da artista Ella Fernandes

Sair com sua família no domingo
Ter seu carro alvejado por 80 tiros
Sem ter feito nada para merecer isso
É o que acontece com que é retinto
A cada onze minutos morre um homem negro
E tem gente que diz que isso não é racismo

Podia ser meu pai, meu irmão, meu filho
Eu peço que deixem o homem negro vivo
Acordar vivo no Brasil é um privilégio
Quando se é alvo fica mais difícil
Cadê Amarildo, a Cláudia, a Marielly.
111 tiros num carro com cinco
Pai, afasta de mim essas balas pai
Pai, afasta de mim o perigo pai
Afasta dos meus ser o alvo pai
Parem de derramar nosso sangue.

Após os momentos de sensibilização, as turmas foram divididas em dois grupos. Cada grupo escolheu três integrantes para a direção e desenvolvimento do roteiro. Além do desafio de reescrever *Arena conta Zumbi*, foi ainda mais desafiador para os alunos roteiristas e diretores coordenar grupos de 16 estudantes em todas as fases do projeto de um podcast, com tantas vozes, em um momento no qual a escola deixou de ser um espaço físico, dos múltiplos presentes e a autogestão nos momentos de atividades assíncronas.

> O diretor, neste caso, é visto como uma liderança, que convoca para a realização de um projeto, por ele idealizado ou proposto; no entanto, esta equipe é formada por sujeitos, com seus próprios desejos e buscas. Ao mesmo tempo que o ator se coloca à disposição do projeto do diretor, ele quer estar muito bem neste papel, provavelmente para atender a seu desejo individual (SALLES, p. 128).

Foi necessário um grande esforço para integrar as aulas síncronas, as plataformas digitais e trabalhar individual e coletivamente para dar conta do projeto. O empenho dos estudantes na organização das falas e orientações para as gravações (vide ANEXO III), a clareza do roteiro (vide ANEXO IV) e a direção impecável da peça, resultaram em trabalhos extremamente potentes.

ATO I – Podcast Arena conta Zumbi
1° ano A EM, 2020.

Vídeo: https://youtu.be/El7_QZNf8QQ

Roteiro adaptado e direção do ato I: Amanda Laia, Isabelle Menegon e Maria Luiza.

Integrantes: Alisson Ferro, Ana Carolina, Ellen Fontes, Erick Nathan, Gabriel Tognete, Giovanna Freitas, Júlia Gonçalves, Lucas Castro, Lucas Oliveira, Mickaely Freitas, Miguel Moreira, Sofia Ribeiro e Suellen Cristina.

ATO II – Podcast Arena conta Zumbi
1° ano A EM, 2020.

Vídeo: https://youtu.be/5WHzlLJ4tyE

Roteiro adaptado e direção do ato II: Emanuelle Assis, Lucas Silva e Pedro Santos.

Integrantes: Bianca Helena, Breno Santos, Gabriel Lacerda, Gabriel Tavares, Gustavo Prado, Higor Duarte, Júlia Marcelino, Larissa Guilherme, Letícia Rodrigues, Miguel Antônio e Victor Ferreira.

Elaborei a última sequência didática para as turmas dos 3º Anos EM, prestes a nos despedirmos após uma linda parceria ao longo de quase sete anos. Propus um conjunto de situações-problemas referentes ao tema Arte, Política, Religião e Censura. Diante das propostas, os estudantes Daniel Wilson, Emanuelle Assis, Heloisa Luz, Larissa Bilak, Luiz Brandão, e Pedro Eduardo, escreveram e produziram a música *Dança da engrenagem*. Na busca por desvelar estruturas violentas de poder, apontaram a censura e a alienação como meios de conservação dessas mesmas estruturas. O áudio está disponível em: https://youtu.be/pGK7j5GbyiE

Dança da engrenagem, estudantes do 3º ano B EM, 2022.

Bem-vindos à dança da engrenagem
repetidamente como todos sabem
fincados a uma corrente nesse esquema
e tentar quebrá-la se torna um problema

Ao andar na fila tome cuidado
há muitos iguais a você ao teu lado
Todos vivo-mortos mesmo acordados

ooooou
Mortos acordados

do lado pro outro
anda pra frente e para trás
Girando a manivela
pra frente e para trás
do lado pro outro
anda pra frente e para trás
não nos questione
a gente só chega e faz.

Levanto e me deito
mas ninguém percebe
A cada comando assente e recebe
O homem da frente me vê nesse estado
e diz em um tom meio descontrolado
Olhe nos meus olhos e diz que tá contente
Com o que tu vê em toda essa gente
Essa gente presa na engrenagem
Levando a vida nessa longa viagem

oooh
Levando a vida nessa longa viagem

Do lado para o outro
andem pra frente e para trás
girem a manivela
pra frente e para trás
do lado pro outro
não pensem em exitar
eu não sou coveiro
mas fui Betinha enterrar

Ooooh Nanara narana
Eu não sou coveiro, mas fui Betinha enterrar

Bem-Vindos à dança da engrenagem
Cansados da dança da engrenagem
Bem-vindos à dança da engrenagem
Cansados da dança da engrenagem.

As estudantes Amanda Laia, Isabelle Menegon e Maria Luiza mantiveram uma linha de pensamento crítica, reflexiva, ativa e coerente com o tema proposto e com os trabalhos realizados pelo grupo anteriormente. Quatro anos após as eleições de 2018, presenciamos os discursos extremistas se repetirem antes, durante e após as eleições de 2022, porém desta vez, com níveis de violência muito mais elevados e a distopia consolidada como projeto de governo. Diante da figura obtusa do presidente e candidato derrotado à reeleição, o bolsonarismo, síntese manifesta da extrema direita, ganhou novo fôlego atrelado a pautas defendidas não só, mas principalmente por denominações pentecostais, neopentecostais e grupos fundamentalistas em ascensão. A medida que incorpora valores morais às estratégias de campanha, alinha-se a ou tem alinhado a si uma parcela dos fiéis e líderes das igrejas evangélicas por todo o país, inclusive conhecidas figuras midiáticas e pastores ultraconservadores presentes nos púlpitos de templos conduzindo multidões e nas cadeiras do Legislativo. Ao condensar esse horizonte sombrio e multifacetado, utilizando irônicos apelos panfletários, as estudantes apresentam, através da obra *Loja do Bem*, 2022 (Fig. 32), uma leitura profunda e complexa sobre a formação e manutenção do conservadorismo escrachado, o quão podem ser relativos os conceitos criados em torno das palavras "bem" ou "bom" e do perigo que os defensores da moral e dos bons costumes com o *slogan* "Deus, Pátria e Família" representam para a sobrevivência da diversidade e liberdade de pensamento, as diferentes existências e do Estado Democrático de Direito.

A estudante Maria Luiza, elucida os contextos e conceitos que motivaram a produção e são abordados no projeto do grupo:

> *A Loja do Bem surgiu, muito provavelmente, como consequência da acuidade de um olhar empreendedor, habilidade criativa que se tornou a grande finalidade da Educação no Novo Ensino Médio. No entanto, apesar de já ter concretizado alguns efeitos, o Novo Ensino Médio não conseguiu resolver tudo: ainda pregam-se em sala de aula preceitos que, dando asas às cobras, desafiam a estrutura social que nos mantém em ordem rumo ao progresso. A partir desses dois fatores (olhar de negócios e afronta à boa convivência social) é que surgiram, tão repentinamente quanto uma revelação divina, os kits da Loja do Bem, uma solução rápida e eficaz para colocar os indivíduos de volta aos eixos.*
>
> *Deixando de lado a narrativa ficcional, o surgimento da Loja do Bem se dá, sim, de maneira repentina, mas devido a outras provocações. A ideia nasce da observação da retomada de discursos apelativos, violentos e homogeneizantes no debate público com o objetivo não de questioná-los e discuti-los, mas sim de recolocá-los em voga*

Fig. 32 – Amanda Laia, Isabelle Menegon e Maria Luiza, Instalação Loja do Bem. Display de papelão com pequenas embalagens plásticas contendo cartões e objetos variados. Estudantes do 3º Ano A EM. 2022.

Fonte: Acervo do autor.

dentre os "cidadãos de bem". Para além de uma reação aos discursos, a instalação em questão é uma resposta à concretização de tais falas, que culmina em intolerância e opressão, duas grandes ameaças à existência do "outro" (os "do mal") e, por conseguinte, da manutenção da democracia.

Além da crítica ao conceito limitado de "bem" que se tem disseminado e aos desdobramentos sociais por ele provocados, a estrutura da instalação (uma estante que se assemelha a um mostruário de loja) carrega ainda críticas ao modelo econômico atual. Hoje, as soluções para os problemas da vida – e até mesmo do que está além ou acima dela – são mercadorias, sendo os empreendedores, portanto, grandes heróis. O que se buscou, então, foi discutir a mercantilização das coisas e o esvaziamento que esta trouxe à Educação. Também foi pretendido abordar a exploração econômica das pessoas com base em suas crenças, prática bastante comum em alguns segmentos religiosos.

E o que valeria um produto se não houvesse alguém para comprá-lo? A partir desse questionamento, traçou-se como grupo-alvo da Loja do Bem duas categorias de indivíduos: aqueles que ocupam papéis-base da sociedade de "bem" e que devem assim continuar, como os maridos e esposas; e aqueles que têm potencial de dissolver tais papéis-base e que, por isso, devem ser controlados, como os jornalistas, professores e artistas.

As discussões, assim como os produtos, de nada servem se não chegam ao público. A instalação Loja do Bem, artística como é, buscou tanto os grupos visados pela Loja, quanto qualquer outro, afinal de contas, o bem é um assunto de interesse de todos, sendo deste "todo" o dever (e o direito) de discutir o tema. O quão bom é ser "de bem"? Que bem é esse? Bem para quem?

Nas páginas à seguir o design dos rótulos e conteúdos desenvolvidos para os kits da Instalação Loja do Bem.

Design dos rótulos e conteúdos desenvolvidos para os kits da Instalação Loja do Bem

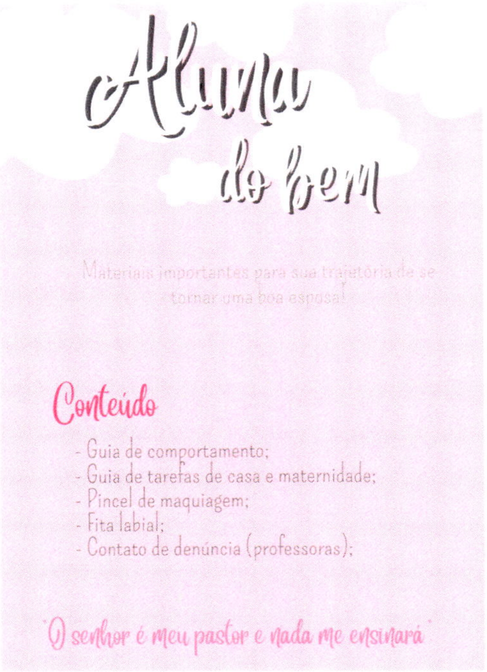

Capa

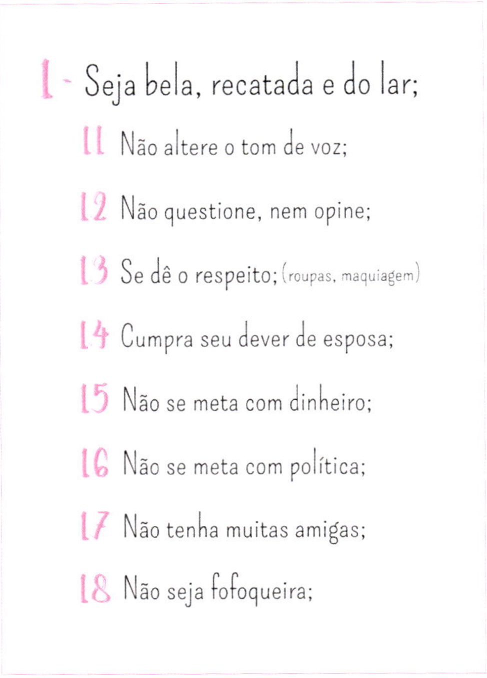

Interior

Capa

Interior

Fonte: Acervo da estudante Maria Luiza.

Design dos rótulos e conteúdos desenvolvidos para os kits da Instalação Loja do Bem

Capa

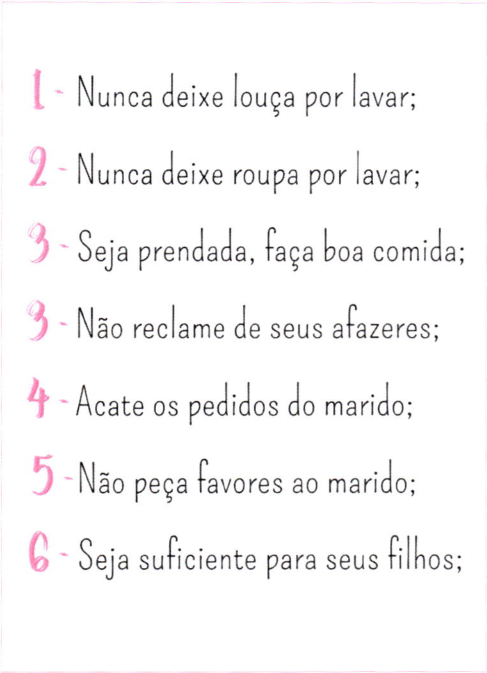

Interior

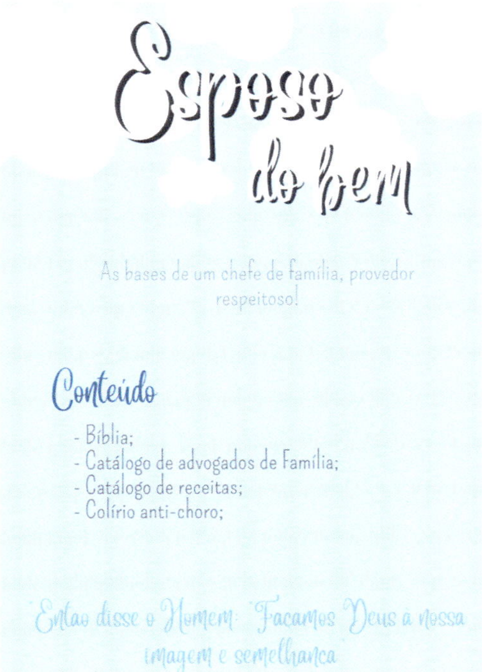

Capa

Interior

Fonte: Acervo da estudante Maria Luiza.

Design dos rótulos e conteúdos desenvolvidos para os kits da Instalação Loja do Bem

Capa

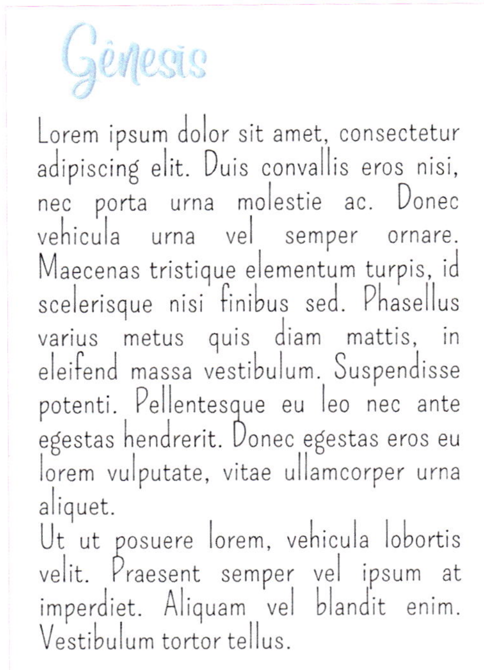

Gênesis

Lorem ipsum dolor sit amet, consectetur adipiscing elit. Duis convallis eros nisi, nec porta urna molestie ac. Donec vehicula urna vel semper ornare. Maecenas tristique elementum turpis, id scelerisque nisi finibus sed. Phasellus varius metus quis diam mattis, in eleifend massa vestibulum. Suspendisse potenti. Pellentesque eu leo nec ante egestas hendrerit. Donec egestas eros eu lorem vulputate, vitae ullamcorper urna aliquet.

Ut ut posuere lorem, vehicula lobortis velit. Praesent semper vel ipsum at imperdiet. Aliquam vel blandit enim. Vestibulum tortor tellus.

Interior

Capa

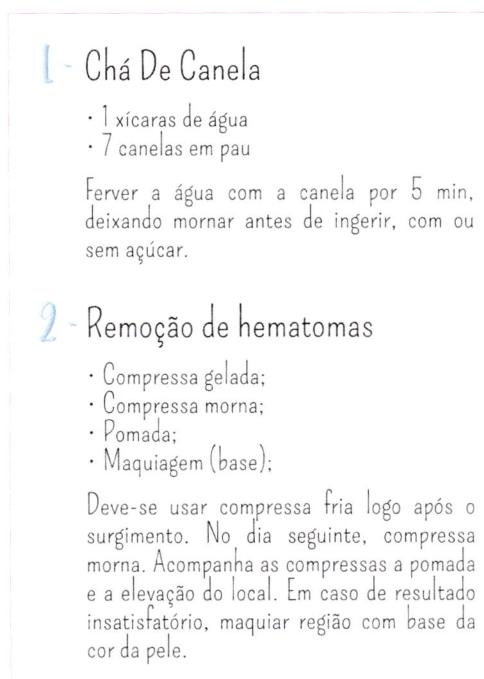

1 - Chá De Canela

- 1 xícaras de água
- 7 canelas em pau

Ferver a água com a canela por 5 min, deixando mornar antes de ingerir, com ou sem açúcar.

2 - Remoção de hematomas

- Compressa gelada;
- Compressa morna;
- Pomada;
- Maquiagem (base);

Deve-se usar compressa fria logo após o surgimento. No dia seguinte, compressa morna. Acompanha as compressas a pomada e a elevação do local. Em caso de resultado insatisfatório, maquiar região com base da cor da pele.

Interior

Fonte: Acervo da estudante Maria Luiza.

Design dos rótulos e conteúdos desenvolvidos para os kits da Instalação Loja do Bem

Capa

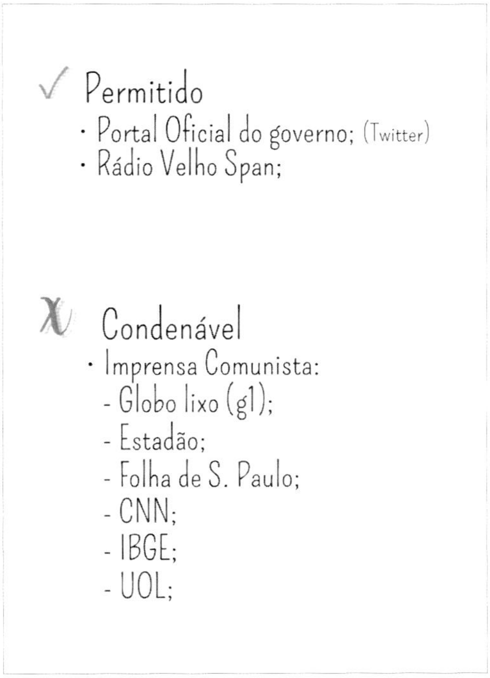

Interior

Capa

Interior

Fonte: Acervo da estudante Maria Luiza.

Design dos rótulos e conteúdos desenvolvidos para os kits da Instalação Loja do Bem

Capa

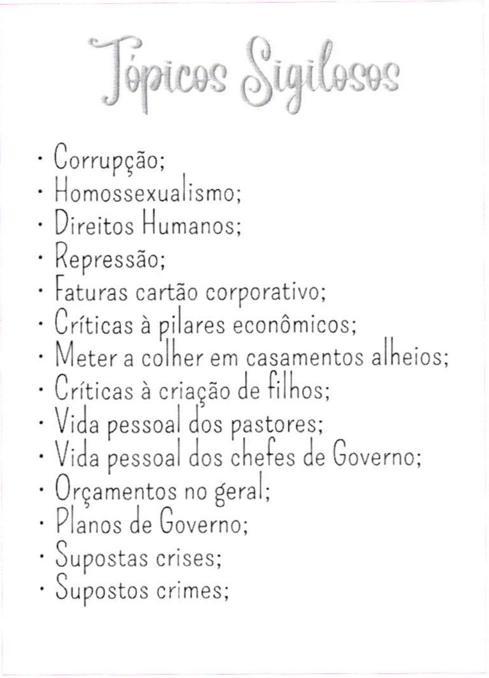

Interior

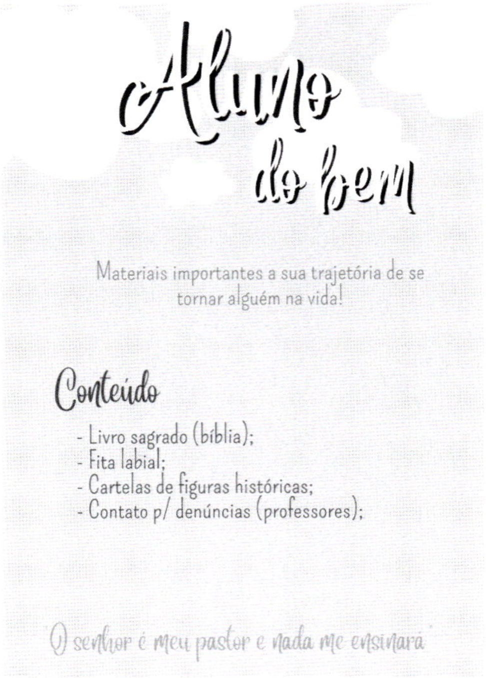

Capa

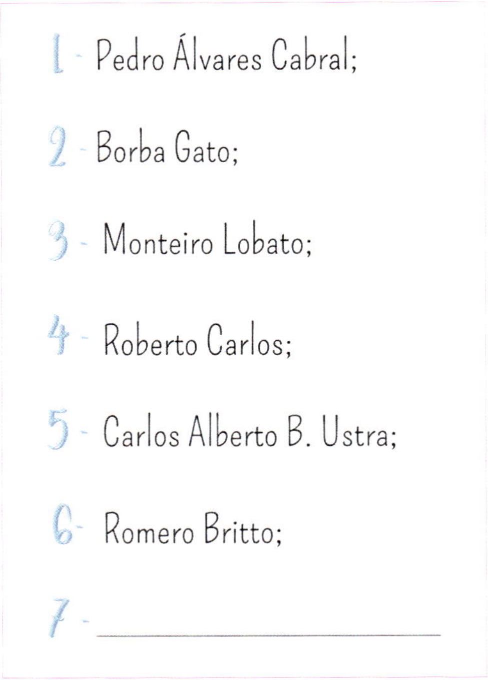

Interior

Fonte: Acervo da estudante Maria Luiza.

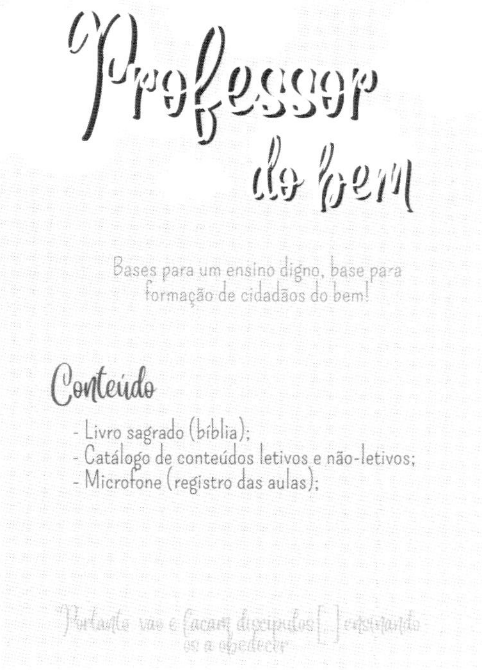

Capa

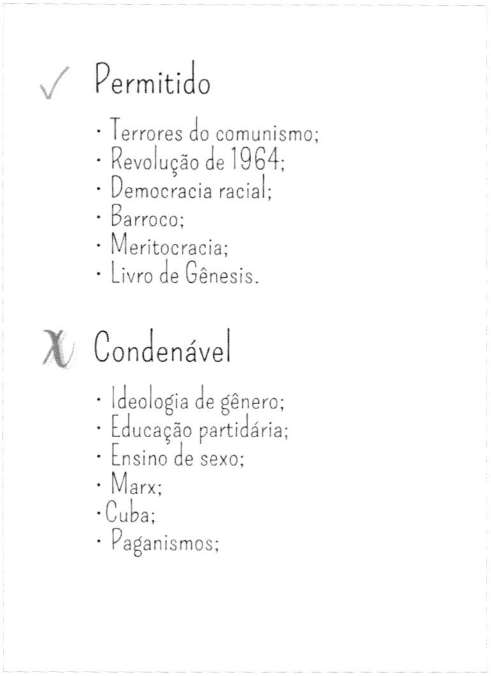

Interior

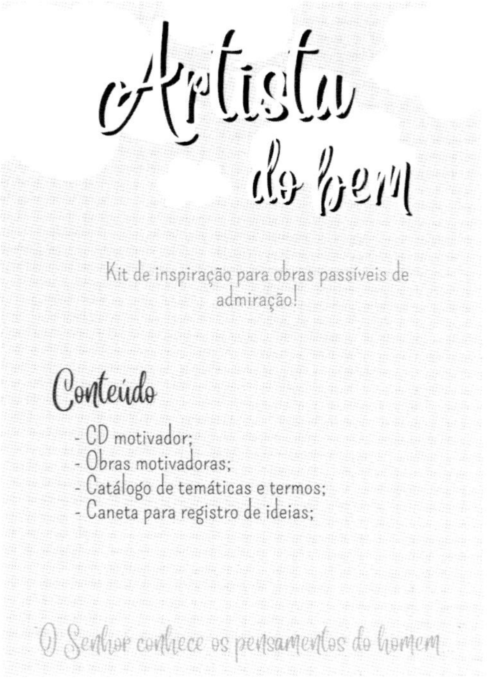

Capa

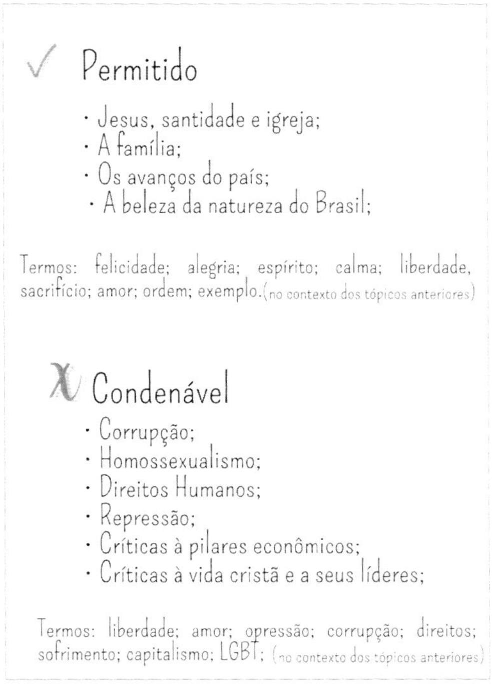

Interior

Fonte: Acervo da estudante Maria Luiza.

Design dos rótulos e conteúdos desenvolvidos para os kits da Instalação Loja do Bem

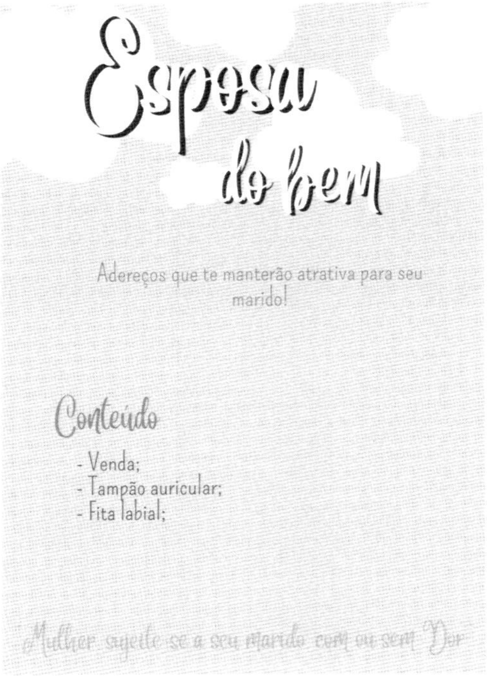

Capa

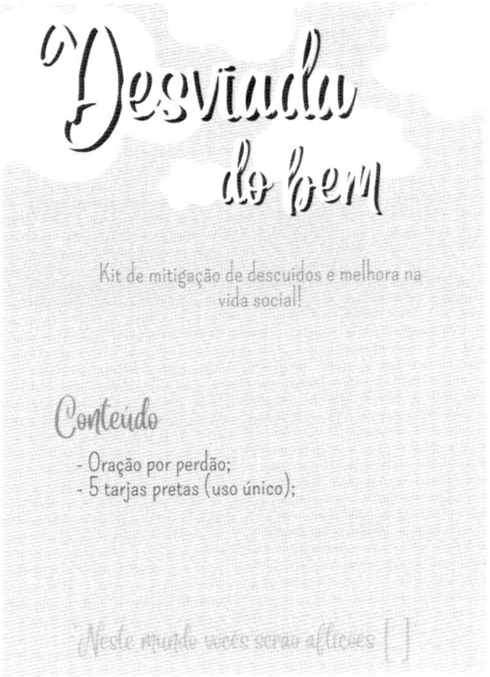

Capa

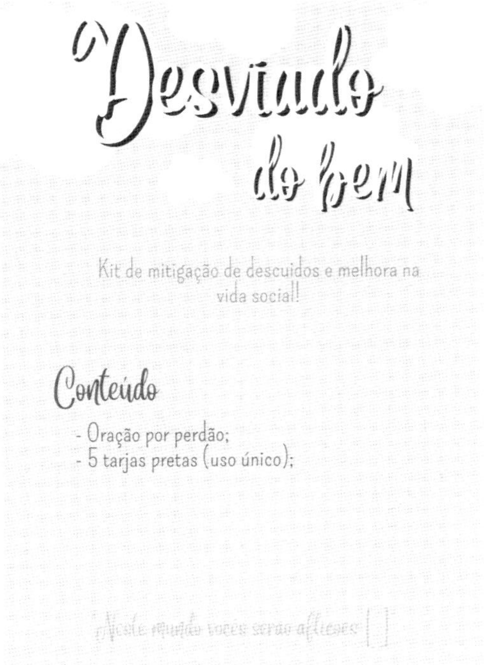

Capa

Fonte: Acervo da estudante Maria Luiza.

5. EDUCAR, LIBERTAR E ESPERANÇAR

> *[...] os processos de criação interligam-se intimamente com o nosso ser sensível. Mesmo no âmbito conceitual ou intelectual, a criação se articula principalmente através da sensibilidade.*
>
> *Fayga Ostrower*

Em 2016, ao perguntar para os estudantes do 6º ano o que é arte, responderam em coro que arte é desenho e pintura; alguns arriscaram música, dança e escultura. Em seguida, foram questionados sobre a função da arte, e não tiveram nenhuma dificuldade em responder que era pra se expressar. Com esta mesma turma, em 2019, já no 9º ano, iniciamos as discussões sobre arte contemporânea a partir das mesmas perguntas e através da análise da palavra 'arte' e a sua origem no latim *ars*, que significa habilidade ou perícia e *artifex,* que dá origem às palavras 'artista', 'artífice', 'artesão', 'artifício', 'artimanha' e etc. Ao observar que as palavras mudaram de sentido ao longo do tempo, e que não possuem significado fixo, e ainda que esses significados podem parecer contraditórios ao definir determinadas modalidades da arte contemporânea.

Em 2022 no 3º ano EM, titubeantes diante das mesmas perguntas, afirmaram que não é algo fácil de responder. Pontuaram que nos últimos anos puderam perceber que as concepções sobre o que é a arte ou a sua função não possuem contornos únicos e estão constantemente se transformando. Evidenciaram que formular definições sobre a arte tem sido um processo cada vez mais difícil, ao passo que demonstraram compreender que as convenções socioculturais que legitimam um artefato como obra de arte, além de mutáveis, foram abaladas pelo modernismo e entram em crise na contemporaneidade, posicionamento bastante coerente com a afirmação de que a condição pós-moderna "se caracteriza pela rejeição ou supressão de formas de legitimação que se fundamentam na narrativa" (CONNOR, 1993, p. 13).

Além das concepções sobre a arte, ao investigar de quais modos o professor artista é visto pelos estudantes e pela gestão da escola, e como esse 'ser' artista se evidencia na prática docente, entre as respostas, a palavra 'paixão', utilizada para definir a propriedade e o modo como as obras e os artistas são abordados, foi confluente com a palavra 'sensibilidade', ao ressaltar como essa aproximação entre o modo como os artistas produzem e a prática docente, o trazer a arte e o produzir arte no território escolar se apresentam como possibilidades de desenvolvimento do sensível. E apesar de apresentar maior evidência nas artes visuais, essa predileção por um determinado campo de atuação artística se mostra como traço que personifica positivamente a atuação do educador sem necessariamente ocorrer o detrimento da abordagem das demais linguagens.

A aluna Maria Luiza relata: *A vivência aluno<>professor entre nós foi mutuamente revolucionária. As aulas de arte transformaram, a cada ocorrência, nossa perspectiva sobre o mundo, sobre nós mesmos, sobre o outro. Suas aulas eram lugares (sim, para além de um período de tempo, criamos "lugares") em que pudemos nos emocionar, nos questionar, nos responder, nos contrariar. Em nossas aulas, a gente pode não saber, não querer, opinar, discordar, desistir e não conseguir. O que é a educação se não esse conjunto de experiências? O que é a arte se não esse espaço de ser e de descobrir?*

Ana Macêdo, Amanda laia, Julia Marcelino, Isabele Ochini, Larissa Camargo, Maria Luiza e Miguel Moreira, estudantes do 3º ano do Ensino Médio, ao manifestarem enorme protagonismo, se apresentam como as vozes necessárias para o fechamento deste trabalho, investigam a importância da Arte nas várias esferas da vida. Preocupados com certos aspectos da reforma do Ensino Médio e os impactos da pandemia, desenvolveram sob orientação do professor Diego Vilas, o projeto *Revolucionar-te: Arte, Educação e Cidadania*. Após muitas pesquisas, no tópico *Arte: expressar, educar, libertar e esperançar* escrevem:

> *[...] Os benefícios ligados à esfera mental trazidos pelo acesso à arte são de extrema importância à preservação da vida, principalmente em momentos obscuros como o atual. O isolamento social imposto pela pandemia de Covid-19; as perdas humanas desse período; o frequente medo, a crise econômica e a incerteza iminente abalaram de maneira ainda não totalmente conhecida a vida da população mundial. Segundo a pesquisa "Juventudes e a Pandemia do Coronavírus", exaustão, insônia, sentimentos ansiosos e depressivos se tornaram parte da vida de mais da metade dos 68 mil jovens entrevistados. Além disso, nos dois anos pandêmicos (de 2020 a 2022), a fome arrasou muitas famílias, que juntas somam 33,1 milhões de brasileiros.*
>
> *Nesse contexto, fica claro a importância de se haver algo que permita às pessoas, e principalmente aos jovens, desabafarem, exporem seus protestos, imaginarem e viverem, por um momento, outra realidade. A Arte, portanto, é, muitas vezes, o que mantém indivíduos aptos e dispostos a permanecerem vivendo.*
>
> *Diante das exposições, pode-se concluir que a arte, contribuindo para a expressão e para a educação, é um importante pilar da liberdade e da esperança, duas ideias que movem e potencializam a existência e, por conseguinte, o mundo e as conquistas sociais e individuais.*

Nesta empreitada, o grupo coletou informações sobre as preferências e desejos da comunidade escolar sobre o apreciar e produzir arte, e a partir desses dados, identificaram o desejo e a necessidade de ações que promovam a produção artística com a gestão dos próprios alunos. No tópico *Arte: cercear, semear o caos e dificultar a cura*, o grupo suscita reflexões pontuais:

> *Diante de tamanha importância à formação crítica dos cidadãos e universalidade, a arte se tornou alvo das forças sociais que trabalham para o controle e exploração dos indivíduos. Conceitos como o da Indústria Cultural explicam bem como os objetivos emancipatórios da cultura e da arte foram usurpados, transformando produções "artísticas e culturais" em produtos vazios e alienantes.*
>
> *Nem mesmo a Escola, instituição que, em sua essência, preza pela formação crítica do indivíduo para que esse exerça sua cidadania de maneira genuína, está ilesa às influências de tais forças. A instituição social em questão tem o papel de ensinar e promover a arte, função que lhe foi designada há menos de trinta anos pela Lei de Diretrizes e Bases 9394/96. No entanto, novas reformas na estrutura educacional brasileira (Lei nº 13.415/2017) contribuem para o afastamento da população, principalmente os jovens, da arte, propondo redução a presença dela no currículo escolar para dar espaço a outras disciplinas voltadas ao mundo do trabalho e ao conhecimento técnico. Ou seja, os jovens terão cada vez menos contato com a arte, e, obviamente, com os benefícios desta, sendo esse afastamento pautado em interesses das mesmas estruturas sociais já citadas anteriormente, que se beneficiam da alienação, condicionamento e redução dos indivíduos à mera mão de obra.*
>
> *O afastamento da população da cultura com tudo que esta abarca, também fica claro quando observa-se o desmonte das verbas públicas voltadas à área: entre 2015 e 2019, reduziram-se os gastos em 30%, o que mostra que, mesmo antes da pandemia de Covid-19, o descaso já estava instaurado. Já no pós-pandemia, foram vetadas pelo chefe do executivo as leis Paulo Gustavo e Aldir Blanc 2, que visavam fomentar o setor prejudicado pelas restrições decorrentes do período pandêmico.*

> *O cerceamento do acesso à cultura para uma parcela da população e o sufocamento da classe artística chamam atenção para as seguintes reflexões: quem se beneficia com o desmoronar cultural e artístico do Brasil e como se dá tal beneficiamento? Quais os prejuízos individuais e coletivos deste desmonte? Pensar sobre isso é, mais uma vez, enfatizar a importância social da Arte.*

A pandemia acelerou um processo inevitável, ao impor a necessidade de uma rápida modernização técnica, escolas, estudantes e professores não tiveram alternativa: evoluir ou serem ultrapassados. Esse fato é evidenciado pela falta de investimento em tecnologia e infraestrutura, a imensa dificuldade enfrentada pelas escolas, principalmente as públicas, para atender aos estudantes. O ensino remoto e híbrido que se apresentou como solução para o ensino neste momento, em que a presença dos alunos nas escolas ficou impossibilitado ou ocorreu por escalonamento, e ainda que essas soluções para a educação no contexto da pandemia tenham considerado principalmente a necessidade de modernização técnica, apontam para novas possibilidades em relação ao futuro da educação e soluções para os séculos de defasagem dos sistemas de ensino. Repensar e atualizar a educação é necessário, e essas novas propostas que se apresentam oportunamente parecem querer apontar respostas para este momento de grandes transformações.

É preciso descobrir qual será, reafirmar ou até reinventar o papel atribuído ao ensino de arte para a formação do ser sensível e crítico, que incentive a criatividade, a expressão e a reflexão sobre a cultura e a sociedade em que estamos inseridos. No entanto, é importante destacar que essas soluções podem se apresentar guiadas por uma perspectiva neoliberal, que tende a reduzir a educação a uma lógica de mercado e a enfatizar apenas aspectos tecnicistas e utilitários do conhecimento, em detrimento da formação humanística e humanizante.

FINAL 2
FINAL 3

ANEXO I
Tabuleiro do jogo World Evolution

Fonte: Acervo da aluna Larissa Bilak.

Fonte: Acervo da aluna Larissa Bilak.

Fonte: Acervo da aluna Larissa Bilak.

Fonte: Acervo da aluna Larissa Bilak.

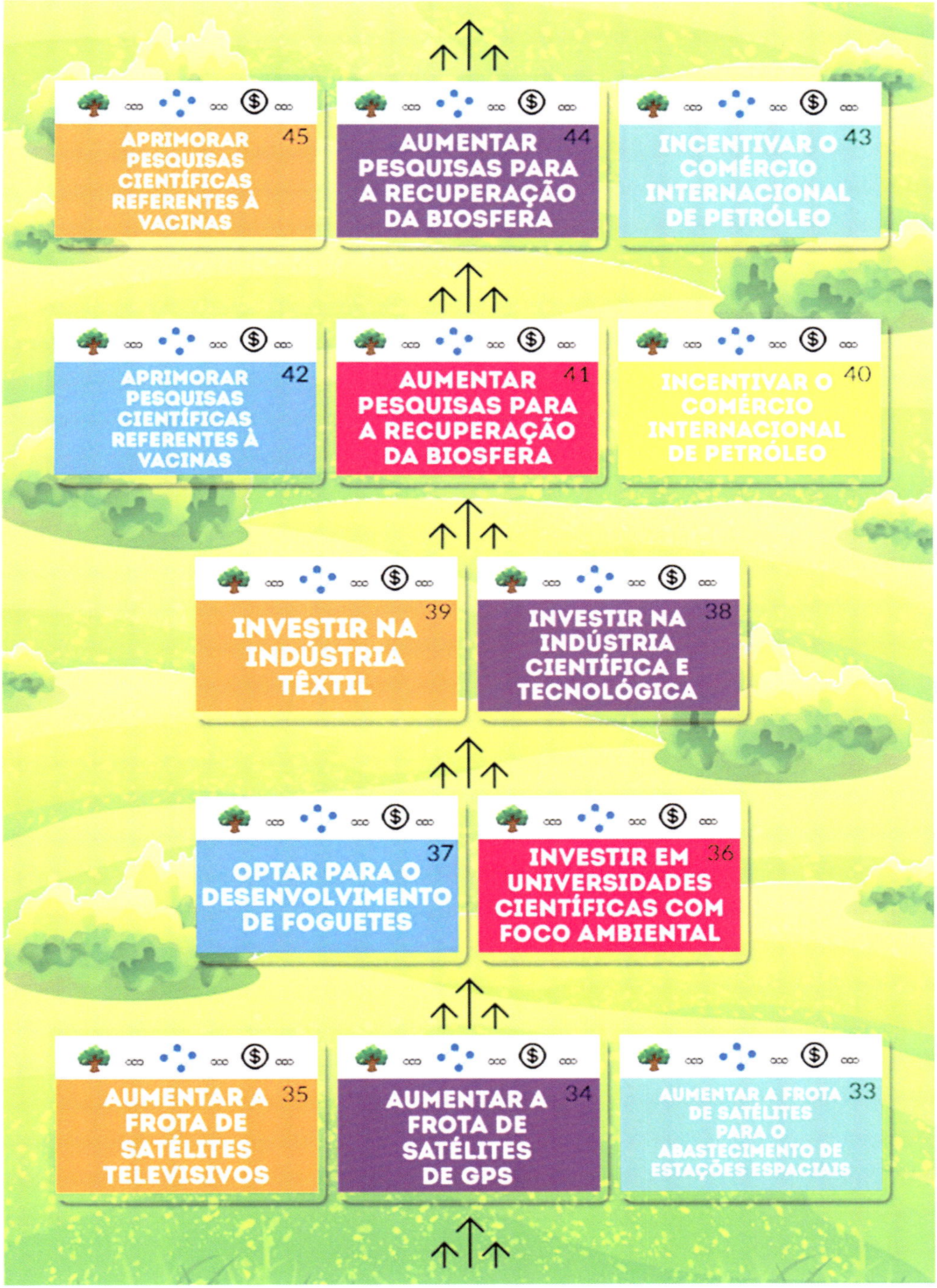

Fonte: Acervo da aluna Larissa Bilak.

Fonte: Acervo da aluna Larissa Bilak.

FINAL 1	FINAL 2	FINAL 3	FINAL 4
O PLANETA SE TORNOU INABITÁVEL E TODA A HUMANIDADE FOI EXTINTA.	O PLANETA SE TORNOU INABITÁVEL E A PARTE MAIS RICA DA POPULAÇÃO MUNDIAL CONSEGUIU SAIR DA TERRA PARA COLONIZAR OUTRO PLANETA	O PLANETA PERMANECEU FAVORÁVEL À VIDA HUMANA MAS NÃO HÁ TECNOLOGIA O SUFICIENTE PARA COLONIZAR OUTRO PLANETA.	O PLANETA PERMANECEU FAVORÁVEL À VIDA HUMANA E TAMBÉM HÁ TECNOLOGIA O SUFICIENTE PARA COLONIZAR OUTRO PLANETA.
NECESSÁRIO:	NECESSÁRIO:	NECESSÁRIO:	NECESSÁRIO:
-6.000	6.000 À 7.000	+7.000	9.750
-8.000	+14.700	8.000 À 14.700	14.750
$ -6.000	$ +8.000	$ +6.000	$ 9.000

VOCÊ CHEGOU AO FIM DO JOGO!

AGORA, CALCULE QUANTOS PONTOS ADQUIRIU E VEJA QUAL É O DESTINO QUE VOCÊ DEU AO PLANETA TERRA A PARTIR DE SUAS DECISÕES.

Fonte: Acervo da aluna Larissa Bilak.

ANEXO II
Roteiro da peça Verdades sobre a mesa

(A peça se inicia com Dulce e Amélia preparando a mesa enquanto conversam)

(Amélia ajeita os talheres na mesa enquanto Dulce procura os óculos pelos espaços da casa.)

- Já achou os óculos, mãe? – *Questiona Amélia.*
- Nem, fia. Não sei onde eles se enfiaram. Minha cabeça já tá ficando ruim pra essas coisas de memória, acho que tô começando a ficar velha – *Diz Dulce humoradamente.*
- Que nada, mãe. Você está na flor da idade – *Amélia responde, seguindo a onda de humor.*
- Os meninos não vêm hoje, mãe? – *Diz Amélia.*
- Sabe como são seus irmãos né filha?! Eles disseram que não vai dar. – *Responde Dulce.*
- Ah, entendi. Esses meninos, só por Deus. – *Conclui Amélia.*
- E seu marido e a Jéssica, vão vir? – *Questiona Dulce.*
- A Jéssica está na escola, deve chegar daqui a pouco. O Ricardo está atolado de trabalho, não vem. – *Amélia responde fazendo um sinal negativo com a cabeça.*
- Êta, fiz a comida pensando que todos viriam. Essa família está cada vez menos unida mesmo – *Diz Dulce com um ar de desapontamento e crítica* – Mas tudo bem, entendo o lado deles, até porque eles precisam trabalhar fora para sustentar a família.

(Ao final da fala, Aurora bate na porta e Amélia atende a porta. Aurora entra juntamente com Sophia.)

- Oi! Tudo bem? – *Diz Aurora cumprimentando Amélia.*
- Oi! Tudo, e vocês? – *Responde a irmã mais velha.*
- Estamos bem, né filha!? – *Diz Aurora chamando a atenção de Sophia que estava mexendo em um aparelho eletrônico.* – Dá oi pra sua tia, menina. – *Completa Aurora tirando o aparelho da criança.*
- Oi, tia! – *Diz Sophia abraçando a tia enquanto a mãe deixa as bolsas no chão.*

(Nisso Sophia, que não diz oi a Dulce, já senta no tapete de brinquedos levando consigo seu tablet. Aurora se direciona a Dulce enquanto Amélia fecha a porta.)

- Oi mãe, tudo bem com a senhora? – *Diz Aurora.*
- Oi, Rora. Tô bem sim minha fia, e tu? – *Responde Dulce.*
- Ai mainha, que bom então. Estou bem também. – *Diz Aurora.*
- Então tá bão. Vamo cume agora? – *Convida Dulce.*
- Não vamos esperar pelos outros hoje? – *Questiona Aurora.*
- Só está faltando a Jéssica chegar, mas ela já devia estar aqui nessa hora. Não sei o que fazer com essa menina. – *Amélia responde.*
- Tem que tomar cuidado, o mundo está muito perigoso hoje em dia. Na minha época, as meninas andavam sempre acompanhadas pra não correr nenhum tipo de risco. Mas também, os homens daquela época eram muito mais cavalheiros que agora, porque os hoje parecem que não sabem se portar diante de uma dama. – *Interfere Dulce criticando o agora.*

- Mas mãe, não é assim que as coisas deveriam ser né!? Não devemos ter esse medo e essa proteção especial, e os homens são como eram antes, só você não vê. Mas, enfim, deve estar tudo bem, ela deve ter ido a algum lugar com as amigas. Vi uns status dela de quase agora e estava tudo bem. – *Fala Aurora guardando o celular.*
- Es... o que? – *Interroga Dulce.*
- Status. Aqueles do WhatsApp vó, a rede social. – *Grita Sophia do tapete.*

(Todas se olham admiradas com o entendimento da menina.)

- Ai, Aurora. Mesmo assim, ela deveria ter ligado pra avisar, né? Mas deixa ela chegar aqui que a gente vê o que faz. – *Fala Amélia com indignação.*
- Olha lá o que você vai fazer, hein Amélia – *Diz Aurora.*
- Não, mas está certa ela. Tem que brigar mesmo, senão não aprende. Na minha época era assim: apanhávamos de cinta ou de espada de São Jorge, e, se reclamássemos, recebíamos coisa pior. Era só assim que tínhamos educação com os pais, tios, primos, avós, irmãos, amigos... Por isso, essa geração de hoje está toda perdida e rebelde aí. – *Diz Dulce com indignação.*
- Mãe, quantas vezes vou ter que te falar que bater não resolve? Você não nos criou assim e estamos muito bem. Para uma pessoa ter respeito e educação, ela precisa ser ensinada desde muito cedo e de maneira progressiva, não na escola ou com a violência, como muitos pensam. – *Responde Aurora.*
- Mas vocês não faziam coisas assim, por isso nunca usei a violência. Sempre fiquei em casa e cuidei de vocês enquanto teu pai trabalhava fora. – *Insiste Dulce.*

- Por isso mesmo. Tínhamos você sempre presente para nos ajudar. Hoje em dia isso aí está diferente, as mulheres estão ganhando espaço no mercado de trabalho, assim não conseguem ficar só cuidando de casa e dando tanta atenção aos filhos. Elas tentam dar seu máximo aos dois lados. *– Rebate Aurora.*
- É, mãe. Nessa vou ter que concordar com a Aurora, hoje em dia não tá fácil pra ninguém não, os dois tem que trabalhar pra conseguir se sustentar e estabilizar o trabalho com a casa. Infelizmente não estamos mais tão presentes. *– Apoia Amélia.*
- Ah tudo bem gente, vamo cumê que ganhamos mais *– Diz Dulce cansada de implicar com o assunto.*

(Enquanto essa conversa acontecia, Sophia estava sentada utilizando um aparelho eletrônico e as outras três personagens estavam se acomodando à mesa. Aurora chama a atenção de sua filha e pede para que esta sente-se à mesa para jantar.)

- Sophia vem comer, vamos logo. *– Impõe Aurora.*
- Ai mãe, me deixa mais um pouquinho, tá quase acabando o filminho do Lucas Neto, por favooooor! *– Diz desesperadamente Sophia.*
- Sophia, cê tem que sair desse celular, menina, se você não vier agora e ficar com fome depois, não vou deixar você comer nada *– Diz duramente Aurora à Sophia*
- Deixa, eu não tô com fome mesmo. *– Conclui provocante Sophia*
- Então tá bom, vai passar fome e não vou estar nem aí. *– Finaliza Aurora.*

(Sophia então pensa bem e vai para mesa.)

– Ala, vê se mereço você garota. – *Diz Aurora.*

(Todas riem.)

– Mas e aí, filha, como está o trabalho? – *Direciona Dulce a Aurora.*

– Ah, está uma loucura. Dois colegas entraram de licença e o trabalho deles foi repassado para os outros da equipe, deu uma boa sobrecarregada. Mas é uma situação temporária.

– Ah, entendi. Se continuar assim, daqui a pouco você não vai aguentar né!? Ou a mulher trabalha ou ela cria um filho, como disse, os dois são complicados, filha. – *Diz Dulce.*

– Ainda mais sem a presença de um marido... – *Emenda Amélia.*

– Gente, de novo isso? Já conversamos bastante sobre minha escolha de ser mãe solo e sobre como vou lidar com isso. Vou falar de novo: não preciso de marido nenhum e vou conseguir conciliar as duas tarefas. Se a gente puder pular os sermões, eu agradeço. – *Conclui Aurora.*

– Tá bom, Aurora. Mudando de assunto, Jéssica mandou alguma notícia pra você? – *Pergunta Amélia para Aurora.*

– Então, estava conversando com ela até quase agora, mas ela não respondeu na... – *Aurora responde.*

– Oie, galera! – *Diz Jéssica entrando em casa interrompendo a fala de Aurora.*

– Falando da tal, olha quem chegou. A gente já começou a jantar, anjo. – *Diz Amélia com um ar sarcástico.*

– Estou vendo, mãe. – *Responde rispidamente Jéssica.*

– Você quer comer, fia? Pega o prato e põe sua comida antes de esfriar. – *Sugere Dulce.*

(Jéssica absorve a sugestão da avó e começa a se servir. Enquanto isso, a conversa continua.)

- E aí, como cê tá Jé? – *Questiona Aurora*.
- Ah tia, tô bem, e você? – *Jéssica replica* .
- Ah, que bom! Tô bem também. – *Responde Aurora.*
- Você não vai contar pra gente onde estava, mocinha? – *Questiona Amélia curiosa.*
- Ai mãe, menos né, vamo calmá o coração. Estava dando um rolê com meus amigos, nada demais. – *Responde Jéssica.*
- Fala direito com sua mãe, menina! – *Intercepta Dulce olhando severamente para Jéssica.*
- E não podia ter avisado antes? – *Volta a questionar Amélia.*
- Aí, eu esqueci, tá bom? – *Jéssica retorna.*
- Esqueceu? Simples assim? – *Continua Amélia.*
- Ai, mãe. O que você quer que eu diga? – *Questiona Jéssica aumentando o tom de voz*.
- Vamos ter uma conversa em casa, mocinha. Vamos ver se você continua assim sem esse celular e de castigo. – *Respondeu com tom de ameaça Amélia.*
- Calma, gente! Vamos comer e depois a gente resolve e esclarece isso. – *Aurora interrompe a discussão.*
- Você tem que respeitar sua mãe, fia. Quando eu era jovem, os mais velhos eram bem melhor respeitados. Se ousássemos agir assim, o bicho pegava pra gente. – *Adiciona Dulce.*
- Vó, outros tempos... – *Replicou Jéssica.*

(Após um período de silêncio, Aurora inicia uma nova conversa.)

- Jé, e aquela história da sua amiga? Já encontraram o culpado?

- Pior que não, a gente tá divulgando informações sobre ocorrido para ajudar nisso, mas está bem complicado. *– Responde Jéssica com um ar de tristeza.*
- O que aconteceu? *– Questiona Dulce curiosa.*
- Uma amiga minha e sua namorada foram espancadas na rua enquanto passeavam juntas. Isso aconteceu há duas semanas e até agora o agressor não foi devidamente punido. *– Explica Jéssica.*
- Provavelmente não se deram o devido respeito. Deviam estar namorando por aí quando o certo é ficar em casa, sem se expor. E olhe lá né porque esse tipo de relacionamento é pura palhaçada, nem deveria existir, se as crianças veem... *– Justifica Dulce.*
- Vó! Não é assim! Elas estavam apenas andando de mãos dadas no centro, nada demais e mesmo se tivessem nada justifica. *– Expõe Jessica.*
- Nossa! Esse mundo está perigoso mesmo. Conseguiram resgatar as coisas que levaram delas? *– Questiona Amélia.*
- Não foi roubo, foi uma questão de homofobia e discriminação! *– Jéssica afirma de maneira concisa.*
- Nosso país está passando por uma onda gigantesca de apologia à violência e ao desrespeito, além de estarmos mostrando que os preconceitos ainda vivem em nós cada dia mais. Sabemos que nada é feito a respeito. Mas também, o que queríamos? Colocamos alguém a favor desses ideais no poder. Como esperar mudanças? *– Emenda Aurora.*
- Exatamente, tia. Vocês não concordam? *– Pergunta Jéssica de maneira sugestiva à Amélia e Dulce.*
- Meninas, já falei para vocês que a culpa não é do nosso presidente. Ele não pode fazer nada a respeito. A culpa é do povo mesmo. *– Diz Dulce.*

- Vocês têm seus ideais e nós temos os nossos. A situação vai melhorar. A ordem vai ser instalada em nosso país e os bandidos vão pagar por aquilo que fizeram. Por enquanto, vamos dar um tempo para o governante arrumar a bagunça que os ladrões fizeram. – *Conclui Amélia*.
- Como eu e a tia tentamos explicar pra vocês, o dito cujo não tem preparação para tal feito. Além disso, questões como respeito, empatia, solidariedade e sensatez passam bem longe das ações por ele tomadas. Ainda pior, já que ele se baseia na religião para justificar seus posicionamentos. Mas okay, não vamos discutir isso novamente, vamos esperar até que vocês vejam. – *Fala Jéssica dando uma risada sarcástica e trocando olhares com Aurora.*
- Jessica já lhe disse que religião e política são coisas distintas e que não podem ser misturadas. – *Intercepta Amélia.*
- Não nesse país, né mãe?! – *Questiona Jéssica.*
- Minha filha, religião é algo sagrado e que devemos tratar com respeito. Na minha época íamos todos os domingos à igreja rezar a missa, confessávamos mais de duas vezes ao mês, deveríamos sempre servir a deus. Já vocês aí não levam isso a sério como deveriam e ficam misturando coisas sendo que nem sabem o que são. – *Conclui Dulce.*
- Vó, sei muito bem de tudo o que disse. E sobre nós que não levamos isso a sério como deveríamos é porque mudamos nossos ideais, há pessoas que não se sentem mais confortáveis em ir para lá, temos que analisar também que não temos mais muito tempo para ficar indo a igreja sempre como faziam antes. – *Diz Jessica.*
- É... Infelizmente os tempos mudaram mesmo. Principalmente com essa tecnologia. Falando nisso, Aurora, você não acha que essa menina passa tempo demais no celular? – *fala a anfitriã da família apontando para Sophia.*

- Eu acho, mãe. Nós já conversamos sobre isso, mas ela não me dá ouvidos, né filha!? *– fala Aurora olhando para Sophia, que continua a mexer no aparelho eletrônico* – Daqui a pouco vou pegar o tablet, tá!? *– Direciona Aurora à Sophia.*
- Não, mãe. Deixa eu assistir um pouco mais. To quase acabando mais uma série de vídeos aqui. *– Diz Sophia.*
- Nada disso. Já lhe dei tempo demais para terminar seu filme, agora chega. Guarde esse tablet e coma *– Encerra Aurora.*
- Ahh mãe, Mas eu já acabei, não tem mais nada pra fazer. *– Diz Sophia chateada.*
- Fia, tenho uma missão pra você. A vó tava passeando por essa ilha e acabou perdendo os óculos. Precisava de alguém jovem e corajosa para me ajudar a achar o bichinho que está por aí perdido. Você aceita a missão? *– Convida fantasiosamente Dulce.*
- Vó, você falou com a pessoa certa! Sou muito corajosa e forte, olha! *– Diz Sophia mostrando orgulhosamente os músculos do braço.*
- Nossa, Muito forte mesmo, hein! *– Concorda Dulce* – Como recompensa da vitória na missão, a vó vai fazer um bolinho de cenoura e chocolate que você adora, pode ser? *– Indaga Dulce*
- Só se for agora, vó! Tá combinado! Ao resgate dos óculos! *– Diz Sophia entusiasmada saindo da mesa à procura dos óculos.*

Depois de fazer o acordo com Sophia e de sua saída da mesa, Aurora se direciona à sua mãe

- Eu a deixo assistir, pois sua rotina é bem pesada e ela é tão estimulada durante a escola que quando chega em casa a coitadinha não tem mais ânimo. Acho que os vídeos são uma forma de deixá-la descansar.

- Antigamente nós brincávamos na rua, algo mais raiz. Mas entendo que estes pequenos sejam expostos a muito mais obrigações e estímulos que nós. – *Adiciona Amélia.*
- Eu ainda acho que as brincadeiras de verdade são mais saudáveis. Essas crianças de hoje estão todas estranhas, enfiadas nesses celulares. – *Acrescenta Dulce.*
- Mas vó, outro contexto de mundo, né!? – *Afirma Jéssica.*
- Ah, eu não sei. Acho que é isso que está fazendo com que as crianças sejam mais frescurentas hoje em dia. – *Finaliza Dulce.*
- Pode ser hein mãe. Tipo o negócio da depressão. Essa "doença" está atingindo bastante esses que ficam com a mente vazia. – *Expõe Amélia.*
- Ai mãe, uma coisa não tem nada a ver com a outra – *Discorda Jéssica.*
- Eu também acho que não tem muita relação – *Diz Aurora.*
- Mas gente, claro que tem. A depressão não passa de um exagero criado nas mentes das pessoas, e, mesmo assim, muitos acham que isso tem a ver com as simples brincadeiras que fazem na escola. A mesma coisa sobre o famoso bullying que dizem por aí. Vocês de hoje em dia levam tudo muito a sério, na minha época zoávamos os nossos amigos e estava tudo bem, eram apenas brincadeiras de crianças. – *Afirma Amélia.*
- Concordo plenamente, principalmente quando tentam suicídio por essas coisas bobas. Isso é falta de deus no coração, tem que ir pra igreja – *Coloca Dulce.*
- Não mãe, não é bem assim. Cientistas afirmam que depressão é uma doença muito perigosa, por isso pode levar alguém a pensar em suicídio. E assim, onde, alguém em sã consciência, se mataria por alguma coisa boba? – *Pergunta Jéssica.*

- Temos que levar em consideração também que são épocas diferentes. As coisas estão realmente mais visíveis hoje, pois mais gente fala sobre esse assunto, ou seja, os altos dados de tentativas de suicídio estão mais a mostra atualmente, mas isso não significa que na sua época também não tinha. E outra, nem sempre a religião ou a igreja em si podem mudar essa ideia e curar a pessoa dessa doença – *Acrescenta Aurora.*
- Ai gente olha, entendo esse lado, mesmo assim acho que é exagero desta geração – *Defende Amélia.*
- Tudo bem então, Amélia. Vamos respeitar sua opinião – *Diz Aurora.*
- Ah eu não acho mais nada também, mas e você Sophia, encontrou alguma coisa? – *Muda de assunto rapidamente Dulce.*
- Nada do tesouro ainda, vó. – *Afirma Sophia com uma voz triste em meio a bocejos.*

(nesse momento Sophia se aproxima da mesa de jantar e fica ao lado de sua mãe cabisbaixa.)

- Tudo bem fia, tenho certeza que daqui a pouco você acha – *Encoraja Dulce.*

(Após essa fala, Sophia tenta sussurrar algo no ouvido de Aurora, esta que não compreende e faz com que Sophia aumente o tom de voz demasiadamente.)

- VAMO EMBORA, POR FAVOR, MÃE. ESTOU COM SONO. – *Diz Sophia.*
- Agora sim eu ouvi, filha. Vamos sim, o dia foi cansativo pra você né!? Passeio da escolinha, mas essa longa caça ao tesouro

não é fácil. – *Conclui Aurora sobre a situação de Sophia* – Bom, como vocês puderam ouvir kkkkk, Sophia está cansada e é melhor irmos descansar um pouco... Vou ajudar a tirar a mesa pra irmos, okay? – *Direciona Aurora às outras personagens.*

- Não precisa não, pode ir. A gente ajeita aqui, tia. – *Diz Jéssica.*
- Isso. Dá pra arrumar rapidinho. Vão descansar, dá pra ver que a semana foi longa pra vocês. – *Completa Amélia.*
- Bom, já que é assim, vou indo então. Amanhã o dia promete. – *Finaliza Aurora.*

(Aurora se levanta da mesa, arruma as coisas e convida Sophia para acompanha-la. As duas se despedem das outras três familiares e vão em direção à porta).

(A peça acaba com Sophia, próxima a porta, dizendo.)

- Esse encontro de gerações rendeu!

(Todas riem da criança, achando o acontecimento fofo, e concordam com a mesma. Aurora e Sophia saem pela porta acenando.)

ANEXO III
Organização para o podcast Arena conta Zumbi

Aluno	Personagem	Nº das Falas
Alisson	Favelado 2	2.1 – 44 – 45 9 – 12 – 16 – 21
Ana Carolina	Favelado 3	2.2 – 46 – 45 – 51 – 75 06 –18 – 23 – 57
Ellen	Carolina	2.3 – 03 – 27 – 29 – 32 – 35 – 36 – 51 – 75 68
Erick	Indefinido	2.4 – 45 – 51 – 75 05 – 08 – 17 – 54
Gabriel Tognete	Policial 1 e 3	2.5 – 41 – 47 – 49 – 75 67
Giovanna	Favelado 1	2.6 – 43 – 45 – 51 – 75 22 – 63
Julia Campioto	Mãe de Carolina	2.7 – 04 – 26 – 28 – 30 – 31 – 33 – 34 – 37 – 39 – 45 66
Larissa Dal Poz	Policial 2 e 4	2.8 – 42 – 48 – 49 – 75 14 – 59 – 69
Lucas Castro	Cantador	2.9 – 40 – 45 – 49 – 51 13 – 24 – 58

ALUNO	PERSONAGEM	Nº DAS FALAS
Lucas Oliveira	Narrador 1	1 – 2 – 2.14 – 2.18 – 25 – 50 – 53 – 71 –73
Mickaely	Indefinido	2.11 – 45 – 51 – 75 07 – 55 – 62 – 65
Miguel Luz	Narrador 2	2.12 – 52 – 70 – 72 – 74 – 49 10 – 15 – 60
Sofia	Indefinido	2.13 – 45 – 51 – 75 11 – 19 – 56
Suellen	Cria de Carolina	2.10 – 38 – 45 – 51 20 – 61 – 64
Maria Luiza	Indefinido	2.15
Isabelle	Indefinido	2.16
Amanda	Indefinido	2.17

OBS. I: A linha de cima são falas do personagem e as de baixo falas "aleatórias". Para os "indefinidos", a primeira linha são falas gerais (ditas por várias pessoas) e a segunda falas "únicas". Os números em vermelho (aqui em cinza claro), indicam falas compartilhadas.

OBS. II: esperar exatamente 5 segundos para começar a fala e, posteriormente, nomear os áudios com o número da fala e os dois primeiros nomes. EX: "2.11 – MICKAELY" ou "45 – SOFIA".

OBS. III: o envio deve ser feito pela pasta do OneDrive no grupo de arte do Outlook.

ESQUEMATIZAÇÃO DA ORDEM DE FALA:

1	Lucas Oliveira	26	Campioto	51	**A verificar**
2	**Lucas O. + todos**	27	Ellen	52	Miguel
3	Ellen	28	Campioto	53	Lucas Oliveira
4	Campioto	29	Ellen	54	Erick
5	Erick	30	Campioto	55	Mickaely
6	Ana Carolina	31	Campioto	56	Sofia
7	Mickaely	32	Ellen	57	Ana Carolina
8	Erick	33	Campioto	58	Lucas Castro
9	Alisson	34	Campioto	59	Dal Poz
10	Miguel	35	Ellen	60	Miguel
11	Sofia	36	Ellen	61	Suellen
12	Alisson	37	Campioto	62	Mickaely
13	Lucas Castro	38	Suellen	63	Giovanna
14	Dal Poz	39	Campioto	64	Suellen
15	Miguel	40	Lucas Castro	65	Mickaely
16	Alisson	41	Gabriel Tognete	66	Campioto
17	Erick	42	Dal Poz	67	Gabriel Tognete
18	Ana Carolina	43	Giovanna	68	Ellen
19	Sofia	44	Alisson	69	Dal Poz
20	Suellen	45	**A verificar**	70	Miguel
21	Alisson	46	Ana Carolina	71	Lucas Oliveira
22	Giovanna	47	Gabriel Tognete	72	Miguel
23	Ana Carolina	48	Dal Poz	73	Lucas Oliveira
24	Lucas Castro	49	**A verificar**	74	Miguel
25	Lucas Oliveira	50	Lucas Oliveira	75	**A verificar**

ANEXO IV
Roteiro adaptado para o podcast Arena conta Zumbi

Contexto da peça para os locutores e o professor: Nosso enredo conta a história de uma família preta periférica. Tudo se inicia quando Carolina, uma jovem, conta a sua mãe que está grávida. Esse choque, ocasionado pela pouca idade da moça, deve ser bastante impactante.

Posteriormente, haverá a apresentação do assunto do podcast e de sua inspiração (peça do Arena Conta Zumbi) através de um trecho de rimas. Com isso, a história terá sua continuidade com situações cotidianas, nas quais a mãe de Carolina adota uma posição de autoridade sobre a filha, sempre aconselhando-a e ela, sempre acatando e dialogando com a senhora.

O fechamento se dá quando, em uma dessas passagens do cotidiano, acontece uma intervenção policial. Esse fato nos leva à morte prematura da criança e ao sofrimento de sua mãe e avó.

ROTEIRO:

INTRODUÇÃO (apresentação dos alunos)

1) NARRADOR: Olá, ouvinte. Muito bacana de sua parte ter apertado o play! Seja bem-vindo ao nosso Podcast.

*** VINHETA ***

2) NARRADOR: Ao longo da narração da história que te contaremos, você ouvirá diversas vozes, todas pertencentes aos alunos do 1º ano A do SESI de Carapicuíba. Mais especificamente, os narradores que darão vida - ou vozes – aos personagens são:

Cada integrante fala seu próprio nome

2.1 – Alisson Ferro
2.2 – Ana Carolina
2.3 – Ellen Fontes
2.4 – Erick Nathan
2.5 – Gabriel Tognete
2.6 – Giovanna Freitas
2.7 – Júlia Gonçalves
2.8 – Larissa Dal Poz
2.9 – Lucas Castro
2.10 – Suellen Cristina
2.11 – Mickaely Freitas
2.12 – Miguel Moreira
2.13 – Sofia Ribeiro
2.14 – NARRADOR: Além disso, as responsáveis pela escrita do texto que ouvirão, foram:

2.15 – Maria Luiza Ribeiro
2.16 – Isabelle Menegon
2.17 – Amanda Laia
2.18 – NARRADOR: – E, por fim, esta voz misteriosa que vos fala pertence a mim Lucas Oliveira. Agora que já nos apresentamos, acomode–se, pois vamos começar...

APRESENTAÇÃO DA PEÇA E INÍCIO DO ENREDO

Sussurros de perdão, com bastante desespero e choro por parte de Carolina como fundo sonoro da fala da Mãe de Carolina

3) CAROLINA: – Desculpa, mãe, me desculpa por favor... Me deixa fica... Me desculpa…

* Fala dita com um tom muito alto e com muita irritação*

4) MÃE DE CAROLINA: – CAROLINA! Você tem juízo não, merecia uma surra. Saí! SAÍ DA MINHA FRENTE ANTES QUE TE QUEBRE.

Cada aluno com uma fala:

5) E assim começa a fita
6) Que vamo agora contá
7) Assim como o arena
8) de um jeito simples encanta
9) essa nossa inspiração
10) a história de zumbi contou
11) e toda a narração
12) dentro de nossa cabeça ecoou
13) História de gente negra
14) da luta pela razão,
15) que se parece ao presente

16) pela verdade em questão,
17) pois se trata de uma luta
18) muito linda na verdade:
19) é luta que vence os tempos,
20) luta pela liberdade!
21) Zumbi lutou por nóis
22) Marielle fez sua parte
23) Nóis narramo essa história
24) Transformando tudo em arte

25) NARRADOR: É com isso na mente que vamos continuar a contar as fita da Carolina, do seu menó e sua veia.

*** MÚSICA 1 ***
"Negro é lindo", Jorge Ben

[...] Eu só quero que deus me ajude
A ver meu filho nascer e crescer
E ser um campeão
Sem prejudicar ninguém
Porque meu bom, negro é lindo
Negro também é mais um filho de deus [...]

* A mãe de Carolina mantém o tom de ordem. Carolina ouve atenta e responde calma *

26) MÃE DE CAROLINA: - Carolina, já faz um mês que essa criança nasceu e nada do nariz afiná. Quero só ver depois o sofrimento que vai se

27) CAROLINA: - Mãe, deixa o nariz do jeito que tá, não adianta não. Nasceu assim, deixa ser assim.

*** SILÊNCIO ***

28) MÃE DE CAROLINA: – Carolina, vai vaciná essa cria Carolina. Já tem um ano e nada de tomá vacina. Pegá uma doença nesse chão sujo daqui eu quero vê cuidá. Cuida ainda ta bom, quero vê enterrá essa criança como vai ser

29) CAROLINA: – Que horror. Eu vou levá, mãe. Fui ontem tava fechado, depois do almoço nois vai rapidinho lá. Se não tiver, vai ficar nas mão deus, tenho tempo pra ficar perdendo

não. Ontem já rodei o calçadão atrás do emprego e não achei vaga nenhuma, mol treta. Nem o currículo queriam pegá.

30) MÃE DE CAROLINA: – Etâ, dá trela pra isso não fia. Deixa que eu levo ele.

*** SILÊNCIO ***

31) MÃE DE CAROLINA: – Carolina, é hoje a apresentação da creche? Lava logo esse menino, cês vão atrasá.

32; CAROLINA: – É hoje, vou já. Cê sabe onde tá o gel? Disseram que o cabelo tava muito pra cima, atrapalhando os colegas. Vou abaixá.

33) MÃE DE CAROLINA: – Gel tá ali em cima. Vai passá tanto assim pra que?

*** SILÊNCIO ***
*** SONS DE TIRO E GRITOS DE DESESPERO***

Em tom de desespero

34) MÃE DE CAROLINA: – ABAIXA CAROLINA. PEGA A CRIA PEGA A CRIA

35) CAROLINA: – DEITA MÃE. VAI PRO CHÃO.

*** SILÊNCIO CURTO ***

Todos ainda estão escondidos, jogados no chão, e sussurram uns para os outros com voz trêmula e amedrontada:

36) CAROLINA: – Já acabou? Cês tão bem?

37) MÃE DE CAROLINA: – Graças a deus tamo viva fia. Atiraro aqui foi?

38) CRIA DE CAROLINA – Tô só com medo mãe. Eles vão voltá pra pegá a gente?

39) MÃE DE CAROLINA: – Acho que pegou pra lá. Deu nada não.

Cada aluno com uma estrofe:

A BONDADE POLICIAL

40) CANTADOR:

*Fala dita com uma certa ironia...

é tanta gente boa nesse morro
que o branco (pausa abrupta) *– perdão*
...que o governo começou a se comover
e no entra e sai
até mesmo amigo dos favela quis ser
E o polícia
contava na cidade
ter por aquele povo
uma grande amizade.

41) POLICIAL 1:

* Fala dita com um tom de superioridade, exibição *

Nós, os da ordem
sabemos ter muita amizade
por aqueles que trabalha
pelas margens da cidade.
Queremos paz, prosperidade,
chega de raiva e de maldade,
o respeito nós teremos
e, assim, ninguém abordaremos

42) POLICIAL 2:

Fala dita com um tom de superioridade, exibição

Nós, os bons
nos guiamos pela bíblia,
o livro santo diz ser pecado
matar o trabalhador.
Não deixaremos ser massacrado
o povo heroico e sofredor.

43) FAVELADO 1

* Fala dita com um tom de revolta, lamentação *

aqui falta segurança
a educação é sonho de nóis tudo
o favela que precisa
nem se quer encontra o estudo

44) FAVELADO 2

Fala dita com um tom de revolta, lamentação

Desse jeito não dá bom
se não vamo atrás
ninguém nos dá a mão
O que fizemo pro senhores
Além de nascer com essa cor?
E de viver a servir diante de toda dor?

45) VÁRIOS FAVELADOS:

* Fala dita com um tom de revolta, firmeza *

Mas chega!

46) FAVELADO 3

* Fala dita com um tom de firmeza e coragem*

vamo junto pra rua
resistir igual zambi
ô seus branco se segura
que a falcatrua vai caí

47) POLICIAL 3:

Nós os bons sujeitos,
nos guiamos pela bíblia
o livro santo prevê este caso
no Evangelho de Ezequiel:
– Com a rebeldia não há concórdia.
Punir com firmeza é uma forma
de demonstrar misericórdia.

48) POLICIAL 4:

Nós os brancos, os bons sujeitos
Resolvemos em santa união
dar fim ao povo ao povo rebelde
exterminar a subversão.

49) VÁRIOS POLICIAIS:

Fala dita com um tom firmeza, quase como uma "torcida"

O mal destruiremos. No morro subiremos (3 X)

50) NARRADOR: A rotina nossa é essa. Tiro, gritaria e nada da sonhada alforria. Nos corre de hoje ficaram bem, AMÉM!

Esse amém ficaria de fundo, como uma resposta ao outro

51) FAVELADOS: AMÉM!

52) NARRADOR 2: Mais uma vez, deram sorte: a parede furou, mas no corpo não pegou... Oraram. Oraram pelos seus que se foram.

53) NARRADOR: Noutro dia, a parede de novo perfurada. Mas, dessa vez, a sorte não estava presente. Os que oravam, pararam. Olhavam quase inanimados para o chão. Olhavam uma cria sem vida.

*** MÚSICA 2 ***

"Delação Premiada", Mc Carol

Troca de plantão, a bala come à vera
Sete da manhã, muito tiro de meiota
Mataram uma criança indo pra escola...

com exceção da ênfase, às falas devem ser lida rápidas, com tom de dúvida e certo desespero

54) INDEFINIDO: – QUEM FOI?
55) INDEFINIDO: – João?!
56) INDEFINIDO: – Pedro?!
57) INDEFINIDO: – O JORGE?
58) INDEFINIDO: – Marielle
59) INDEFINIDO: – Foi o AMARILDO?
60) INDEFINIDO: – FOI
61) INDEFINIDO: – Foi tu!
62) INDEFINIDO: – Foi ela!
63) INDEFINIDO: – É... foi a cria da favela.

*** PAUSA DRAMÁTICA ***

Os narradores devem adotar um tom de voz bastante característico, tristes, abatidos

64) INDEFINIDO: – Um sentimento que não desejo para o meu pior inimigo...

65) INDEFINIDO: – ... perder um filho é como arrancar algo de dentro....

66) INDEFINIDO: – ...não tem explicação você perder uma criança que você amou, cuidou, fez planos para o futuro ...

67) INDEFINIDO: – ...uma coisa de minutos, de horas, esse sonho foi por água abaixo...

68) INDEFINIDO: – ...tiraram o meu sonho, o sonho do meu filho, da minha família...

69) INDEFINIDO: – ...acabaram com a minha família, destruíram a minha família cruelmente.

*** CORO / MÚSICA ***

O açoite bateu
o açoite bateu
Bateu tantas vezes
que açoite matou (2x)
Eu quero só viver assim.
Vontade de existir
Ter modo de saber
o que a gente não tem
pra ser gente também.
O açoite bateu
o açoite bateu
bateu tantas vezes
que a gente cansou.

Tanto cansou, entendeu
Que lutar afinal
É um modo de crer
É um modo de ter
Razão de ser.
CORO – O açoite bateu
o açoite ensinou
bateu tantas vezes
que a gente cansou

*** PAUSA CURTA ***

70) NARRADOR 2: Anota! Anota aí no pé dessa extensa lista mais esse caso. A vida da cria acabou. A bala que transpassou sua cabeça, submeteu sua história ao passado. Seu futuro!? Ah, como o de muitos outros, se tornou o futuro do pretérito. Era uma linda possibilidade de uma linda vida tão friamente interrompida.

71)NARRADOR 1: Seja no tempo de Zambi, seja no tempo de João Pedro: o chicote, a bala e a injustiça têm alvo certo. Essa história é para ficarmos espertos. Olha aí pá fora, olha pro noticiário, não caia no conto do vigário. O Brasil é país racista e a luta é real.

* como uma prece ou apelo *

72) NARRADOR 2: Que essa narrativa se torne passado!
73) NARRADOR 1: Que pretos e pretas possam viver!
74) NARRADOR 2: Que suas vidas realmente importem!

75) Em coro: AMÉM!

FIM

REFERÊNCIAS

ALBANO, Ana Angélica. *Tuneu, Tarsila e outros mestres:* o aprendizado da arte como um rito de iniciação. São Paulo: Plexus, 1998.

ARCHER, *Michael. Arte contemporânea:* uma história concisa. Tradução de Alexandre Krug e Valter Lellis Siqueira. São Paulo: Martins Fontes, 2001.

ARGAN, G.C. Arte Moderna. São Paulo: Cia. Das letras, 1992.

BARBOSA, Ana Mae. *A imagem no ensino da arte:* anos 1980 e novos tempos. São Paulo: Perspectiva, 2010.

CHAUÍ, Marilena. *Experiência do Pensamento, In*: Da Realidade sem Mistérios ao Mistério do Mundo: Espinosa, Voltaire, Merleau-Ponty. São Paulo: Brasiliense, 1999.

CONNOR, Steven. *Cultura Pós-Moderna*: introdução às teorias do contemporâneo, São Paulo: Loyola, 1993.

DEMPSEY, Amy. *Arte conceitual.* In: Estilos, escolas e movimentos. São Paulo: Cosac & Naif, 2003.

FREIRE, Cristina. *Arte conceitual.* Rio de Janeiro: Zahar, 2006.

GIANNOTTI, Marco. Breve história da pintura contemporânea. São Paulo: Claridade, 2009.

GULLAR, Ferreira. Argumentação Contra a Morte da Arte. Revan, 8ª. Edição, 2009.

JENKINS, Henry. *Cultura da convergência*: a colisão entre os velhos e novos meios de comunicação; tradução Susana Alexandria. São Paulo: Aleph, 2009.

MCCARTHY, David: Arte Pop. São Paulo: Cosac Naify, 2002.

OSTROWER, Fayga. *Criatividade e Processos de Criação.* Rio de Janeiro: Vozes, 1977.

SALLES, Cecília Almeida. *Gesto Inacabado:* processo de criação artística. 5º ed. São Paulo: Intermeios, 2012.

________________________. *Redes da Criação:* Construção da obra de arte. São Paulo: Horizonte, 2008.

________________________. *Processos de criação em grupo:* diálogos. São Paulo: Estação das letras e cores, 2017.

SANTOS, Jair Ferreira dos. O Que É Pós-Modernismo, Coleção Primeiros Passos, Brasília: Brasiliense, 2008.

BUARQUE, Chico e NASCIMENTO, Milton. Cálice. Disponível em: https://www.letras.mus.br/chico-buarque/45121/. Acesso em: 26 mar. 2022.

CRIOLO DOIDO – Cálice. Publicado em: 9 set. 2010. Disponível em: https://www.youtube.com/watch?v=utJENUg2NJ4. Acesso em: 26 mar. 2022.

ELLA FERNANDES – 80 tiros, versão de Cálice. Publicado em: 10 de abr. de 2019. Disponível em: https://youtube.com/shorts/TWIR0jJi5Yc?feature=share. Acesso em: 26 mar. 2022.

INSERÇÕES em Circuitos Ideológicos: 1. Projeto Coca-Cola. In: ENCICLOPÉDIA Itaú Cultural de Arte e Cultura Brasileira. São Paulo: Itaú Cultural, 2023. Disponível em: http://enciclopedia.itaucultural.org.br/obra6310/insercoes-em-circuitos-ideologicos-1-projeto-coca-cola. Acesso em: 04 de abril de 2023. Verbete da Enciclopédia. ISBN: 978-85-7979-060-7.

INSERÇÕES em Circuitos Ideológicos - 3. Projeto Cédula. In: ENCICLOPÉDIA Itaú Cultural de Arte e Cultura Brasileira. São Paulo: Itaú Cultural, 2023. Disponível em: http://enciclopedia.itaucultural.org.br/obra6311/insercao-em-circuitos-ideologicos-3-projeto-cedula. Acesso em: 04 de abril de 2023. Verbete da Enciclopédia. ISBN: 978-85-7979-060-7.

Papel **pólen bold** 90g/m²
Fonte **Garamond** 7, 10, 12 e 17
Impresso na **primavera/2023**